FUERA DE ESTE MUNDO

Cómo Tu Imaginación Puede Transformar Tu Realidad Y Moldear El Futuro

Colección Deluxe

Por
Neville Goddard
Imaginatio Divina Media

Publicado en 2024 por Imaginatio Divina Media.

Sitio web: www.imaginatiodivinamedia.com

ISBN: 979-8-3304-9593-1

Contenido

RESUMEN
DE *FUERA DE ESTE MUNDO*:

En "Fuera de este Mundo", de Neville Goddard, el tema central gira en torno al poder de la imaginación para moldear la realidad y alterar el propio futuro. Goddard sostiene que las circunstancias externas no están controladas por el destino, el azar o la predestinación, sino por la mente subconsciente y los sentimientos que alberga. Subraya que los sentimientos y las suposiciones crean la realidad que experimentan las personas y, por tanto, al cambiar el concepto interno de uno mismo, se pueden transformar las circunstancias externas.

Una idea clave es la distinción entre "enfoque natural" y "enfoque espiritual". El enfoque natural está limitado por los sentidos y sólo ve el momento presente, mientras que el enfoque espiritual puede ver más allá del presente, comprendiendo el tiempo y el espacio de una forma más expandida, de cuarta dimensión. Goddard sugiere que controlando la imaginación y centrándose en los resultados deseados como si ya fueran realidad, las personas pueden forjar su futuro. Ofrece técnicas prácticas, como visualizar y sentir el cumplimiento de los deseos, para activar este proceso.

El libro subraya que los deseos y las suposiciones despiertan las correspondientes realidades en el mundo físico. Goddard también introduce el concepto de un mundo dimensionalmente mayor, en el que el tiempo y el espacio son fluidos, y del que los individuos pueden nutrirse para cambiar su realidad tridimensional actual. Al asumir el sentimiento del deseo cumplido, uno puede alterar los resultados futuros, ya que las suposiciones se convierten en hechos con el paso del tiempo.

"Fuera de este Mundo" enseña que, mediante el uso deliberado de la imaginación y asumiendo que los propios deseos ya se han cumplido, los individuos pueden manifestar sus objetivos y remodelar su realidad.

CONTEXTO MODERNO
DE *FUERA DE ESTE MUNDO*:

Los principios de Neville Goddard, en particular los de Fuera de este Mundo, pueden relacionarse con conceptos modernos como la neurociencia del pensamiento positivo, la atención plena y la Ley de la Atracción. Estas conexiones proporcionan un marco contemporáneo para comprender cómo las ideas de Goddard resuenan con las prácticas actuales de desarrollo personal y espiritualidad.

1. La neurociencia del pensamiento positivo: La neurociencia moderna ha revelado que el cerebro es altamente plástico, lo que significa que puede ser remodelado por pensamientos y experiencias. Esto se conoce como neuroplasticidad. El énfasis de Goddard en la imaginación y la asunción se alinea con esta idea, ya que afirma que al asumir la sensación de un deseo cumplido, cambiamos nuestro estado interior y, por tanto, nuestra realidad externa. En un contexto moderno, los estudios han demostrado que el pensamiento positivo puede provocar cambios en la estructura cerebral, reforzando hábitos, emociones y comportamientos que favorecen el éxito y el bienestar. Esencialmente, las enseñanzas de Goddard sobre la imaginación remodelando la realidad se corresponden con la forma en que la neurociencia ve la capacidad del cerebro para recablearse a sí mismo a través de pensamientos positivos repetidos y visualizaciones.

2. Atención plena: La atención plena, la práctica de estar presente y ser consciente de los propios pensamientos y emociones sin juzgarlos, es un principio clave del bienestar contemporáneo. Las enseñanzas de Goddard comparten puntos en común con la atención plena porque aboga por centrar la atención en el estado deseado. Al cambiar intencionadamente los pensamientos y sentimientos para centrarse en lo que se desea, en lugar de en las circunstancias actuales, se puede cultivar un mayor estado de conciencia e intencionalidad. Este enfoque deliberado refleja las prácticas de atención plena, en las que la atención se controla y se dirige, lo que permite a las personas convertirse en creadores conscientes de sus experiencias.

3. Ley de atracción: La idea de Goddard de que las suposiciones crean la realidad es un concepto fundamental en el popular movimiento de la Ley de la Atracción. La Ley de la Atracción sugiere que lo semejante atrae a lo semejante, y que al centrarse en resultados positivos o deseados, uno atrae esos resultados a su vida. El enfoque de Goddard añade profundidad a esta idea al hacer hincapié en que no se trata sólo de pensar positivamente, sino de sentir como si el estado deseado ya fuera cierto. En el contexto actual, la Ley de la Atracción suele relacionarse con la literatura de autoayuda, que hace hincapié en el poder de los pensamientos y las emociones para atraer el éxito, las relaciones y la salud. La obra de Goddard puede considerarse precursora de este concepto moderno, ya que proporciona una base más filosófica y espiritual a la Ley de la Atracción.

Estas conexiones modernas muestran que las enseñanzas de Goddard, que se centran en el poder de la imaginación, la suposición y la mente subconsciente, se alinean estrechamente con los temas contemporáneos de la psicología y el autodesarrollo. Sus ideas ofrecen un puente entre la tradición espiritual y la comprensión científica moderna, y atraen a quienes buscan un enfoque holístico para manifestar sus objetivos y mejorar su bienestar mental y emocional.

FUERA DE ESTE MUNDO

Por Neville Goddard
(1949)

"El azar o el accidente no son responsables de las cosas que te ocurren, ni el destino predestinado es el autor de tu fortuna o desgracia. Tus impresiones subconscientes determinan las condiciones de tu mundo. El subconsciente no es selectivo, es impersonal y no hace acepción de personas. Al subconsciente no le importa la verdad o falsedad de tus sentimientos. Siempre acepta como verdadero lo que sientes. El sentimiento es el asentimiento del subconsciente a la verdad de lo que se declara como verdadero. Debido a esta cualidad del subconsciente no hay nada imposible para el hombre. Todo lo que la mente del hombre puede concebir y sentir como verdadero, el subconsciente puede y debe objetivarlo. Tus sentimientos crean el patrón a partir del cual se forma tu mundo, y un cambio de sentimiento es un cambio de patrón."

NEVILLE GODDARD, RESURRECCIÓN

CAPÍTULO UNO
PENSAR EN CUARTA DIMENSIÓN

MUCHAS personas, entre las que me incluyo, han observado acontecimientos antes de que ocurrieran; es decir, antes de que ocurrieran en este mundo de tres dimensiones. Puesto que el hombre puede observar un acontecimiento antes de que ocurra en las tres dimensiones del espacio, la vida en la tierra debe proceder según un plan, y este plan debe existir en otra parte en otra dimensión y estar moviéndose lentamente a través de nuestro espacio.

Si los acontecimientos que ocurren no estaban en este mundo cuando fueron observados, entonces, para ser perfectamente lógico, deben haber estado Fuera de este Mundo. Y todo lo que está allí para ser visto antes de que ocurra aquí debe estar "Predeterminado" desde el punto de vista del hombre despierto en un mundo tridimensional.

Así surge la pregunta: "¿Somos capaces de alterar nuestro futuro?"

Mi objeto al escribir estas páginas es indicar posibilidades inherentes al hombre, mostrar que el hombre puede alterar su futuro; pero, así alterado, forma de nuevo una secuencia determinista a partir del punto de interferencia - un futuro que será consistente con la alteración. La característica más notable del futuro del hombre es su flexibilidad. Está determinado por sus actitudes más que por sus actos. La piedra angular sobre la que se asientan todas las cosas es el concepto que el hombre tiene de sí mismo. Actúa como actúa y tiene las experiencias que tiene, porque el concepto que tiene de sí mismo es el que es, y no por otra razón. Si tuviera un concepto diferente de sí mismo, actuaría de otra manera. Un cambio de concepto de sí mismo altera automáticamente su futuro, y un cambio en cualquier término de su futura serie de experiencias altera recíprocamente su concepto de sí mismo. Las suposiciones del hombre que él considera insignificantes producen efectos que son considerables; por lo tanto, el hombre debe revisar su estimación de una suposición, y reconocer su poder creativo.

Todos los cambios se producen en la conciencia. El futuro, aunque esté preparado de antemano en todos sus detalles, tiene varios desenlaces. En cada momento de nuestras vidas tenemos ante nosotros la elección de cuál de varios futuros escogeremos.

Hay dos perspectivas reales del mundo que posee cada uno: un enfoque natural y un enfoque espiritual. Los antiguos maestros llamaban a uno "la mente carnal", al otro "la mente de Cristo". Podemos diferenciarlas como la conciencia despierta ordinaria -gobernada por nuestros sentidos- y una imaginación controlada -gobernada por el deseo-. Reconocemos estos dos centros distintos de pensamiento en la declaración: "El hombre natural no percibe las cosas del espíritu de

Dios, porque para él son locura, y no las puede entender, porque se han de discernir espiritualmente".
1 CORINTIOS 2:14

La visión natural limita la realidad al momento llamado ahora. Para la visión natural, el pasado y el futuro son puramente imaginarios. La visión espiritual, en cambio, ve el contenido del tiempo. Ve los acontecimientos como objetos distintos y separados en el espacio. El pasado y el futuro son un todo presente para la visión espiritual. Lo que es mental y subjetivo para el hombre natural es concreto y objetivo para el hombre espiritual.

El hábito de ver sólo lo que nuestros sentidos nos permiten, nos hace totalmente ciegos a lo que de otro modo podríamos ver. Para cultivar la facultad de ver lo invisible, a menudo debemos desligar deliberadamente nuestra mente de la evidencia de los sentidos y concentrar nuestra atención en un estado invisible, sintiéndolo y percibiéndolo mentalmente hasta que tenga toda la nitidez de la realidad.

El pensamiento sincero y concentrado, enfocado en una dirección particular, excluye otras sensaciones y las hace desaparecer. No tenemos más que concentrarnos en el estado deseado para verlo. El hábito de retirar la atención de la región de la sensación y concentrarla en lo invisible desarrolla nuestra perspectiva espiritual y nos permite penetrar más allá del mundo de los sentidos y ver lo que es invisible. "Porque las cosas invisibles de él, desde la creación del mundo, se ven claramente" - Romanos 1:20. Esta visión es completamente independiente de las facultades naturales. Ábrela y vivifícala. Sin ella, estas instrucciones son inútiles, porque "las cosas del espíritu se disciernen espiritualmente".

Un poco de práctica nos convencerá de que podemos, controlando nuestra imaginación, remodelar nuestro futuro en armonía con nuestro deseo. El deseo es el motor de la acción. No podríamos mover un solo dedo si no tuviéramos el deseo de moverlo. Hagamos lo que hagamos, seguimos el deseo que en ese momento domina nuestra mente. Cuando rompemos un hábito, nuestro deseo de romperlo es mayor que nuestro deseo de continuar con el hábito.

Los deseos que nos impulsan a la acción son los que mantienen nuestra atención. Un deseo no es más que la conciencia de algo que nos falta o que necesitamos para hacer nuestra vida más agradable. Cuanto mayor es la ganancia esperada, más intenso es el deseo. No existe ningún deseo absolutamente desinteresado. Cuando no hay nada que ganar, no hay deseo y, en consecuencia, no hay acción.

El hombre espiritual habla al hombre natural a través del lenguaje del deseo. La clave del progreso en la vida y de la realización de los sueños reside en la obediencia inmediata a su voz. La obediencia sin vacilaciones a su voz es la asunción inmediata del deseo cumplido. Desear un estado es tenerlo. Como ha dicho Pascal:

"No me habrías buscado si no me hubieras encontrado ya". El hombre, al asumir el sentimiento de su deseo cumplido, y luego vivir y actuar de acuerdo con esta convicción, altera el futuro en armonía con su suposición.

Las suposiciones despiertan lo que afirman. Tan pronto como el hombre asume el sentimiento de su deseo cumplido, su yo cuatridimensional encuentra caminos para la consecución de este fin, descubre métodos para su realización. No conozco definición más clara de los medios por los que realizamos nuestros deseos que experimentar en la imaginación lo que experimentaríamos en la carne si alcanzáramos nuestro fin.

Esta experiencia del fin determina los medios. Con su perspectiva más amplia, el yo cuatridimensional construye entonces los medios necesarios para realizar el fin aceptado.

A la mente indisciplinada le resulta difícil asumir un estado negado por los sentidos. He aquí una técnica que facilita el encuentro con los acontecimientos antes de que ocurran, para "llamar las cosas que no se ven como si se viesen" [Romanos 4:17]. La gente tiene la costumbre de restar importancia a las cosas sencillas; pero esta sencilla fórmula para cambiar el futuro fue descubierta tras años de búsqueda y experimentación.

El primer paso para cambiar el futuro es el deseo, es decir: definir tu objetivo, saber definitivamente lo que quieres.

En segundo lugar: construye un acontecimiento que creas que encontrarás tras la realización de tu deseo - un acontecimiento que implique la realización de tu deseo - algo que tendrá la acción del yo predominante.

Tercero: inmoviliza el cuerpo físico e induce una condición parecida al sueño - acuéstate en una cama o relájate en una silla e imagina que tienes sueño; luego, con los párpados cerrados y tu atención enfocada en la acción que pretendes experimentar - en la imaginación - mentalmente siéntete dentro de la acción propuesta - imaginando todo el tiempo que realmente estás realizando la acción aquí y ahora. Siempre debes participar en la acción imaginaria, no quedarte mirando, sino sentir que estás realizando la acción para que la sensación imaginaria sea real para ti.

Es importante que recuerde siempre que la acción propuesta debe ser la que sigue a la realización de su deseo; y, además, debe sentirse dentro de la acción hasta que ésta tenga toda la vivacidad y nitidez de la realidad. Por ejemplo: supongamos que desea un ascenso. Recibir una felicitación sería un acontecimiento que se produciría tras la realización de su deseo. Una vez seleccionada esta acción como la que experimentará en la imaginación, inmovilice el cuerpo físico e induzca un estado parecido al sueño -un estado somnoliento-, pero en el que siga siendo capaz de controlar la dirección de sus pensamientos -un estado en el que esté atento sin esfuerzo-. Ahora imagina que tienes delante a un amigo. Pon tu mano imaginaria en la suya. Primero siéntela sólida y real, luego mantén una conversación imaginaria con él en armonía con la acción. No te visualices a distancia en el espacio y a distancia en el tiempo siendo felicitado por tu buena fortuna. En lugar de eso, haz el aquí en otro lugar y el ahora en el futuro. El acontecimiento futuro es una realidad ahora en un mundo dimensionalmente mayor; y, curiosamente, ahora en un mundo dimensionalmente mayor, equivale a aquí en el espacio tridimensional ordinario de la vida cotidiana.

La diferencia entre sentirte en acción, aquí y ahora, y visualizarte en acción, como si estuvieras en una pantalla de cine, es la diferencia entre el éxito y el fracaso.

La diferencia se apreciará si ahora te visualizas subiendo una escalera. Luego, con los párpados cerrados, imagine que tiene una escalera delante de usted y sienta que la está subiendo.

El deseo, la inmovilidad física rayana en el sueño y la acción imaginaria en la que predomina el sentimiento del yo, aquí y ahora, no sólo son factores importantes para alterar el futuro, sino que son condiciones esenciales para proyectar conscientemente el yo espiritual. Si, cuando el cuerpo físico está inmovilizado, nos posesionamos de la idea de hacer algo - e imaginamos que lo estamos haciendo aquí y ahora y mantenemos la acción imaginaria con sentimiento hasta que sobreviene el sueño - es probable que despertemos del cuerpo físico y nos encontremos en un mundo dimensionalmente más grande con un enfoque dimensionalmente más grande y haciendo realmente lo que deseábamos e imaginábamos que estábamos haciendo en la carne. Pero tanto si nos despertamos allí como si no, en realidad estamos realizando la acción en el mundo de cuarta dimensión, y la volveremos a representar en el futuro, aquí en el mundo de tercera dimensión.

La experiencia me ha enseñado a restringir la acción imaginaria, a condensar la idea que va a ser objeto de nuestra meditación en un solo acto, y a volver a representarlo una y otra vez hasta que tenga el sentimiento de realidad. De lo contrario, la atención se desviará por una vía asociativa, y se presentarán a nuestra atención multitud de imágenes asociadas. En pocos segundos nos llevarán a cientos de kilómetros de nuestro objetivo en el espacio y a años de distancia en el tiempo. Si decidimos subir un determinado tramo de escaleras porque es lo que probablemente seguirá a la realización de nuestro deseo, debemos limitar la acción a subir ese tramo en concreto. Si nuestra atención se desvía, debemos volver a la tarea de subir las escaleras y seguir haciéndolo hasta que la acción imaginaria tenga toda la solidez y la nitidez de la realidad. La idea debe mantenerse en el campo de la presentación sin ningún esfuerzo sensible por nuestra parte. Debemos, con el mínimo esfuerzo, impregnar la mente con el sentimiento del deseo cumplido.

La somnolencia facilita el cambio porque favorece la atención sin esfuerzo, pero no debe llevarse al estado de sueño, en el que ya no seremos capaces de controlar los movimientos de nuestra atención, sino a un grado moderado de somnolencia en el que aún seamos capaces de dirigir nuestros pensamientos. Una forma muy eficaz de encarnar un deseo es asumir la sensación del deseo cumplido y luego, en un estado relajado y somnoliento, repetir una y otra vez, como una canción de cuna, cualquier frase corta que implique el cumplimiento de nuestro deseo, como "Gracias", como si nos dirigiéramos a un poder superior por haberlo hecho por nosotros. Si, por el contrario, buscamos una proyección consciente en un mundo dimensionalmente mayor, entonces debemos mantener la acción hasta que sobrevenga el sueño.

Experimenta en la imaginación, con toda la nitidez de la realidad, lo que experimentarías en la carne si alcanzaras tu objetivo; y, con el tiempo, lo encontrarás en la carne como lo encontraste en tu imaginación. Alimenta la mente con premisas, es decir, afirmaciones que se presumen verdaderas, porque las suposiciones, aunque irreales a los sentidos, si se persiste en ellas, hasta que tengan el sentimiento de realidad, se endurecerán hasta convertirse en hechos. Para una suposición todos los medios que promueven su realización son buenos. Influye en el comportamiento de todos inspirando en todos los movimientos, las acciones y las palabras que tienden a su cumplimiento.

Para comprender cómo el hombre moldea su futuro en armonía con su suposición, debemos saber lo que entendemos por un mundo dimensionalmente mayor, pues es a un mundo dimensionalmente mayor al que nos dirigimos para alterar nuestro futuro. La observación de un acontecimiento antes de que ocurra implica que el acontecimiento está predeterminado desde el punto de vista del hombre en el mundo tridimensional. Por lo tanto, para cambiar las condiciones aquí en las tres dimensiones del espacio primero debemos cambiarlas en las cuatro dimensiones del espacio.

El hombre no sabe exactamente lo que significa un mundo dimensionalmente mayor, y sin duda negaría la existencia de un yo dimensionalmente mayor. Está bastante familiarizado con las tres dimensiones de longitud, anchura y altura, y cree que si existiera una cuarta dimensión, debería ser tan obvia para él como las dimensiones de longitud, anchura y altura. Una dimensión no es una línea, sino cualquier forma de medir una cosa que sea totalmente distinta de todas las demás. Es decir, para medir un sólido en cuarta dimensión, basta con medirlo en cualquier dirección excepto la de su longitud, anchura y altura.

¿Existe otra forma de medir un objeto que no sea su longitud, anchura y altura? El tiempo mide mi vida sin emplear las tres dimensiones de longitud, anchura y altura. No existe ningún objeto instantáneo. Su aparición y desaparición son mensurables. Tiene una duración determinada. Podemos medir su duración sin utilizar las dimensiones de longitud, anchura y altura. En definitiva, el tiempo es una cuarta forma de medir un objeto.

Cuantas más dimensiones tenga un objeto, más sustancial y real será. Una línea recta, que se encuentra enteramente en una dimensión, adquiere forma, masa y sustancia al añadirle dimensiones. ¿Qué nueva cualidad aportaría el tiempo, la cuarta dimensión, que lo haría tan superior a los sólidos como los sólidos a las superficies y las superficies a las líneas? El tiempo es un medio para los cambios en la experiencia, porque todos los cambios requieren tiempo. La nueva cualidad es la mutabilidad.

Observa que si bisecamos un sólido, su sección transversal será una superficie; bisecando una superficie, obtenemos una línea; y bisecando una línea, obtenemos un punto. Esto significa que un punto no es más que la sección transversal de una recta, que a su vez no es más que la sección transversal de una superficie, que a su vez no es más que la sección transversal de un sólido, que a su vez, si se lleva a su conclusión lógica, no es más que la sección transversal de un objeto tetradimensional.

No podemos evitar la inferencia de que todos los objetos tridimensionales no son más que secciones transversales de cuerpos cuatridimensionales. Lo que significa: cuando te veo, veo una sección transversal de tu yo cuatridimensional, el yo cuatridimensional que no se ve. Para ver el yo cuatridimensional, debo ver cada sección transversal o momento de tu vida, desde el nacimiento hasta la muerte, y verlos a todos como coexistentes. Mi enfoque debe abarcar toda la gama de impresiones sensoriales que has experimentado en la Tierra, además de las que puedas encontrar. Debería verlas, no en el orden en que las experimentaste, sino como un todo presente. Puesto que el cambio es la característica de la cuarta dimensión, debería verlas en un estado de flujo como un todo vivo y animado.

Si tenemos todo esto claramente fijado en nuestra mente, ¿qué significa para nosotros en este mundo tridimensional? Significa que, si podemos movernos a lo largo del tiempo, podemos ver el futuro y alterarlo a nuestro antojo. Este mundo, que nos parece tan sólidamente real, es una sombra de la que podemos salir y más allá de la cual podemos pasar en cualquier momento. Es una abstracción de un mundo más fundamental y dimensionalmente mayor, un mundo más fundamental abstraído de un mundo aún más fundamental y dimensionalmente mayor, y así hasta el infinito. El absoluto es inalcanzable por cualquier medio o análisis, no importa cuántas dimensiones añadamos al mundo.

El hombre puede probar la existencia de un mundo dimensionalmente mayor simplemente concentrando su atención en un estado invisible e imaginando que lo ve y lo siente. Si permanece concentrado en este estado, su entorno actual desaparecerá y despertará en un mundo dimensionalmente mayor en el que el objeto de su contemplación se verá como una realidad objetiva concreta. Intuitivamente siento que, si abstrajera sus pensamientos de este mundo dimensionalmente más grande y se retirara aún más dentro de su mente, provocaría de nuevo una externalización del tiempo. Descubriría que cada vez que se retira a su mente interior y produce una exteriorización del tiempo, el espacio se hace dimensionalmente más grande. Y concluiría, por tanto, que tanto el tiempo como el espacio son seriales, y que el drama de la vida no es sino la escalada de un multitudinario bloque de tiempo dimensional.

Los científicos explicarán algún día por qué existe un Universo Serial. Pero en la práctica es más importante cómo utilizamos este Universo Serial para cambiar el futuro. Para cambiar el futuro, sólo tenemos que ocuparnos de dos mundos de la serie infinita, el mundo que conocemos gracias a nuestros órganos corporales y el mundo que percibimos independientemente de nuestros órganos corporales.

PREGUNTAS Y RESPUESTAS DE REFLEXIÓN

1. ¿Qué quiere decir el autor con "pensar en cuatro dimensiones" y en qué se diferencia de nuestra comprensión convencional de la realidad?

- Respuesta: El autor sugiere que pensar en cuatro dimensiones implica reconocer una realidad más allá de nuestra experiencia tridimensional, que se limita al momento presente. En esta perspectiva más amplia, el tiempo se convierte en un elemento crucial que nos permite ver el pasado, el presente y el futuro como interconectados. Esto contrasta con nuestra percepción típica, que nos confina a las experiencias sensoriales inmediatas y al tiempo lineal.

-

2. ¿Cómo influye el concepto de autoidentidad en las experiencias y acciones de una persona, según el capítulo?

- Respuesta: El capítulo afirma que el concepto que una persona tiene de sí misma es fundamental para sus acciones y experiencias. Si una persona cambia su concepto de sí misma, sus experiencias futuras también cambiarán, reflejando esa nueva identidad. Esto significa que nuestras suposiciones sobre nosotros mismos pueden afectar profundamente nuestra realidad, lo que pone de relieve la necesidad de una autoimagen positiva y empoderada.

-

3. ¿De qué manera pueden los deseos moldear nuestras acciones y resultados en la vida?

- Respuesta: Los deseos actúan como motivadores de nuestras acciones; son expresiones de lo que sentimos que nos falta o necesitamos para una vida más plena. La intensidad de estos deseos nos impulsa a realizar acciones específicas que se alinean con el logro de nuestras metas. Por lo tanto, el capítulo implica que comprender y aprovechar nuestros deseos es crucial para manifestar el futuro que imaginamos.

-

4. ¿Qué papel juega la imaginación en la alteración del futuro de una persona, según el autor?

- Respuesta: La imaginación se presenta como una herramienta poderosa para dar forma a nuestro futuro. Al imaginar vívidamente y conectarse emocionalmente con los resultados deseados como si estuvieran sucediendo en el presente, las personas pueden influir en sus realidades. El capítulo enfatiza que interactuar con nuestra imaginación nos permite construir nuestras experiencias deseadas, alterando así nuestro futuro.

-

5. ¿Por qué es importante practicar el enfoque en los "estados invisibles" en lugar de sólo en el mundo visible?

- Respuesta: Centrarse en los estados invisibles nos anima a mirar más allá de lo que perciben nuestros sentidos y a acceder a perspectivas espirituales más profundas y a realidades potenciales. Esta práctica ayuda a cultivar una visión del mundo más amplia, lo que permite a las personas interactuar con posibilidades que no son inmediatamente evidentes. Sugiere que la realidad no es solo lo que se puede observar, sino que también incluye dimensiones a las que se puede acceder a través del pensamiento concentrado y la imaginación.

-

6. ¿Cómo explica el autor la relación entre el cuerpo físico y el "yo cuatridimensional"?

- Respuesta: El autor describe el cuerpo físico como una manifestación tridimensional de un yo cuatridimensional más expansivo. Esta perspectiva postula que nuestras experiencias e identidades se extienden más allá de la existencia física hacia un marco más amplio e interconectado de tiempo y espacio. Por lo tanto, nuestras acciones en el reino físico están influenciadas por nuestra existencia en dimensiones superiores, lo que permite la posibilidad de remodelar nuestra realidad.

-

7. ¿Cuál es el significado de la frase "llamar las cosas que no se ven, como si fuesen" y cómo se puede aplicar esto en la vida diaria?

- **Respuesta:** Esta frase sugiere que al afirmar y creer en la existencia de resultados deseados, incluso antes de que se manifiesten, las personas pueden alinear sus pensamientos y acciones con esos resultados. En la vida diaria, esto se puede aplicar fomentando una mentalidad de creencia y expectativa, visualizando el éxito y actuando como si uno ya hubiera alcanzado sus metas, influyendo así en su realidad para que se alinee con esas creencias.

-

8. ¿Cuáles son las implicaciones de considerar la vida como un "universo serial"?

- **Respuesta:** Considerar la vida como un universo serial implica que nuestras experiencias se desarrollan en una secuencia de dimensiones y líneas temporales. Esta perspectiva fomenta una comprensión más fluida del tiempo y la existencia, donde los acontecimientos pueden revisarse y modificarse mediante el pensamiento consciente y la imaginación. Sugiere que los individuos tienen el poder de influir en sus caminos a través de la conciencia y la intencionalidad.

CAPÍTULO DOS
LAS SUPOSICIONES SE CONVIERTEN EN HECHOS

Los hombres creen en la realidad del mundo exterior porque no saben cómo enfocar y condensar sus poderes para penetrar en su fina corteza. Este libro sólo tiene un propósito: quitar el velo de los sentidos, viajar a otro mundo. Para quitar el velo de los sentidos no empleamos un gran esfuerzo; el mundo objetivo se desvanece apartando nuestra atención de él.

Sólo tenemos que concentrarnos en el estado deseado para verlo mentalmente, pero para darle realidad de modo que se convierta en un hecho objetivo, debemos enfocar la atención en el estado invisible hasta que tenga el sentimiento de realidad. Cuando, a través de la atención concentrada, nuestro deseo parece poseer la nitidez y el sentimiento de realidad, le hemos dado el derecho de convertirse en un hecho concreto visible.

Si le resulta difícil controlar la dirección de su atención mientras se encuentra en un estado parecido al sueño, puede resultarle muy útil mirar fijamente un objeto. No mire su superficie, sino dentro y más allá de cualquier objeto liso, como una pared, una alfombra o cualquier otro objeto que posea profundidad. Prepáralo para que se refleje lo menos posible. Imagina entonces que en esta profundidad estás viendo y oyendo lo que quieres ver y oír hasta que tu atención esté exclusivamente ocupada por el estado imaginado.

Al final de tu meditación, cuando despiertes de tu "sueño despierto controlado", sentirás como si hubieras regresado de una gran distancia. El mundo visible que habías excluido vuelve a la conciencia y, con su sola presencia, te informa de que te has engañado a ti mismo haciéndote creer que el objeto de tu contemplación era real. Pero, si sabes que la conciencia es la única realidad, permanecerás fiel a tu visión, y por esta actitud mental sostenida confirmarás tu don de realidad, y probarás que tienes el poder de dar realidad a tus deseos para que se conviertan en hechos concretos visibles.

Define tu ideal y concentra tu atención en la idea de identificarte con tu ideal. Asume el sentimiento de serlo, el sentimiento que sería tuyo si ya fueras la encarnación de tu ideal. Luego vive y actúa según esta convicción. Esta suposición, aunque negada por los sentidos, si se persiste en ella, se convertirá en un hecho. Sabrás cuándo has conseguido fijar el estado deseado en la conciencia con sólo mirar mentalmente a las personas que conoces. En los diálogos contigo mismo eres menos inhibido y más sincero que en las conversaciones reales con los demás, por lo tanto, la oportunidad para el autoanálisis surge cuando te sorprendes en tus conversaciones mentales con los demás. Si los ves como los veías antes, no habrás cambiado tu concepto de ti mismo, ya que todos los cambios de concepto de uno mismo tienen como consecuencia un cambio en la relación con tu mundo.

En tu meditación, permite que los demás te vean como te verían si este nuevo concepto de ti mismo fuera un hecho concreto. Siempre parecerás a los demás una encarnación del ideal que inspiras. Por lo tanto, en la meditación, cuando contemples a los demás, debes ser visto por ellos mentalmente como te verían físicamente si tu concepto de ti mismo fuera un hecho objetivo; es decir, en la meditación imagina que te ven expresando aquello que deseas ser.

Si supones que eres lo que quieres ser, tu deseo se cumple y, al cumplirse, se neutraliza todo anhelo. No puedes seguir deseando lo que ya has realizado. Tu deseo no es algo que te esfuerzas por cumplir, es reconocer algo que ya posees. Es asumir el sentimiento de ser aquello que deseas ser. Creer y ser son una sola cosa. El que concibe y su concepción son uno, por lo tanto aquello que tú concibes ser nunca puede estar tan lejos como para estar cerca, porque la cercanía implica separación. "Si puedes creer, todo es posible para el que cree" [Marcos 9:23]. El ser es la sustancia de lo que se espera, la evidencia de lo que aún no se ve [cf. Hebreos 11:1]. Si supones que eres lo que quieres ser, entonces verás a los demás como están en relación con tu suposición.

Sin embargo, si lo que deseas es el bien de los demás, entonces, al meditar, debes representártelos como si ya fueran lo que deseas que sean. Es a través del deseo que te elevas por encima de tu esfera actual y el camino del anhelo a la realización se acorta a medida que experimentas en la imaginación lo que experimentarías en la carne si ya fueras la encarnación del ideal que deseas ser.

He afirmado que el hombre tiene en cada momento del tiempo la elección ante sí de cuál de varios futuros se encontrará; pero surge la pregunta: "¿Cómo es eso posible cuando las experiencias del hombre, despierto en el mundo tridimensional, están predeterminadas?", como implica su observación de un acontecimiento antes de que ocurra. Esta capacidad de cambiar el futuro se verá si comparamos las experiencias de la vida en la tierra con esta página impresa. El hombre experimenta los acontecimientos de la Tierra de forma individual y sucesiva, del mismo modo que usted experimenta ahora las palabras de esta página.

Imagina que cada palabra de esta página representa una única impresión sensorial. Para captar el contexto, para entender lo que quiero decir, centra tu visión en la primera palabra de la esquina superior izquierda y luego desplaza tu atención por la página de izquierda a derecha, dejándola caer sobre las palabras de forma individual y sucesiva. Cuando tus ojos llegan a la última palabra de la página, ya has extraído mi significado. Supongamos, sin embargo, que al mirar la página, con todas las palabras impresas en ella igualmente presentes, decides reordenarlas. Al reordenarlas, podrías contar una historia completamente diferente; de hecho, podrías contar muchas historias diferentes.

Un sueño no es más que un pensamiento cuatridimensional incontrolado, o la reorganización de impresiones sensoriales pasadas y futuras. El hombre rara vez sueña con acontecimientos en el orden en que los experimenta cuando está despierto.

Suele soñar con dos o más acontecimientos separados en el tiempo, que se funden en una sola impresión sensorial; o, en su sueño, reorganiza tan completamente sus impresiones sensoriales de vigilia que no las reconoce cuando las encuentra en su estado de vigilia.

Por ejemplo, soñé que entregaba un paquete en el restaurante de mi edificio. La camarera me decía: "No puede tomar eso ahí"; a continuación, el ascensorista me entregaba unas cartas y, mientras yo se las agradecía, él, a su vez, me daba las gracias a mí. En ese momento, apareció el ascensorista nocturno y me saludó con la mano.

Al día siguiente, al salir de mi apartamento, recogí unas cartas que me habían dejado en la puerta. Al bajar, le di una propina al ascensorista diurno y le agradecí que se hubiera ocupado de mi correspondencia. Ese día, al volver a casa, oí por casualidad a un portero decirle a un repartidor: "No puede dejar eso ahí". Cuando me disponía a tomar el ascensor para subir a mi apartamento, me llamó la atención una cara conocida en el restaurante y, al asomarme, la anfitriona me saludó con una sonrisa. Aquella noche acompañé a mis invitados al ascensor y, al despedirme de ellos, la camarera me dio las buenas noches.

Simplemente reorganizando algunas de las impresiones sensoriales que estaba destinado a encontrar, y fusionando dos o más de ellas en impresiones sensoriales únicas, construí un sueño que difería bastante de mi experiencia de vigilia.

Cuando hayamos aprendido a controlar los movimientos de nuestra atención en el mundo cuatridimensional, seremos capaces de crear conscientemente circunstancias en el mundo tridimensional. Aprendemos este control a través del sueño despierto, donde nuestra atención puede mantenerse sin esfuerzo, ya que la atención sin esfuerzo es indispensable para cambiar el futuro. Podemos, en un sueño de vigilia controlado, construir conscientemente un acontecimiento que deseamos experimentar en el mundo tridimensional.

Las impresiones sensoriales que utilizamos para construir nuestro sueño despierto son realidades presentes desplazadas en el tiempo o en el mundo cuatridimensional. Todo lo que hacemos al construir el sueño de vigilia es seleccionar de la vasta gama de impresiones sensoriales aquellas que, cuando están bien ordenadas, implican que hemos realizado nuestro deseo. Con el sueño claramente definido, nos relajamos en una silla e inducimos un estado de conciencia parecido al sueño, un estado que, aunque roza el sueño, nos permite controlar conscientemente los movimientos de nuestra atención. Cuando hemos alcanzado ese estado, experimentamos en la imaginación lo que experimentaríamos en la realidad si este sueño despierto fuera un hecho objetivo. Al aplicar esta técnica para cambiar el futuro es importante recordar siempre que lo único que ocupa la mente durante el sueño de vigilia es el sueño de vigilia, la acción predeterminada que implica el cumplimiento de nuestro deseo. Cómo el sueño despierto se convierte en un hecho físico no nos concierne. Nuestra aceptación del sueño despierto como realidad física quiere los medios para su realización.

Permítanme que vuelva a sentar las bases para cambiar el futuro, que no es más que un sueño de vigilia controlado.

Defina su objetivo - sepa definitivamente lo que desea.

Construye un acontecimiento que creas que encontrarás tras la realización de tu deseo - algo que tendrá la acción del yo predominante - un acontecimiento que implique la realización de tu deseo.

Inmoviliza el cuerpo físico e induce un estado de conciencia parecido al sueño; luego, mentalmente siéntete dentro de la acción propuesta - imaginando todo el tiempo que realmente estás realizando la acción aquí y ahora, de modo que experimentes en la imaginación lo que experimentarías en carne y hueso si ahora realizaras tu objetivo.

La experiencia me ha convencido de que ésta es la manera perfecta de alcanzar mi objetivo. Sin embargo, mis propios y numerosos fracasos me condenarían si diera a entender que domino completamente los movimientos de mi atención. Puedo, sin embargo, con el antiguo maestro decir: "Una cosa hago: olvidando lo que queda atrás, y extendiéndome a lo que está delante, prosigo a la meta por el premio".

FILIPENSES 3:13,14

PREGUNTAS Y RESPUESTAS DE REFLEXIÓN

1. ¿Cómo define el capítulo la relación entre conciencia y realidad?

- **Respuesta:** El capítulo postula que la conciencia es la única realidad y que nuestro mundo exterior es un reflejo de nuestros estados internos. Al centrar nuestra atención en un estado deseado y darle la sensación de realidad, podemos transformar nuestras suposiciones en hechos concretos.

-

2. ¿Qué técnicas sugiere el autor para centrar la atención y alcanzar los estados deseados?

- **Respuesta:** El autor sugiere utilizar técnicas como mirar fijamente un objeto para ayudar a controlar la atención, imaginarse en un estado deseado y participar en un "sueño despierto controlado" para visualizar el cumplimiento de los deseos como si ya fueran reales.

-

3. ¿Qué papel juega el sentimiento de ser en la manifestación de los deseos según el capítulo?

- **Respuesta:** El sentimiento de ser es crucial; cuando asumimos el sentimiento de poseer ya lo que deseamos, alineamos nuestra conciencia con esa realidad. Esta asunción conduce a un cambio en nuestra percepción e interacciones con los demás, facilitando en última instancia la manifestación de nuestros deseos.

-

4. ¿Cómo explica el capítulo el proceso de reordenamiento de las impresiones sensoriales en el contexto de los sueños?

- **Respuesta:** Los sueños se describen como una forma de pensamiento cuatridimensional descontrolado en el que se reorganizan las impresiones sensoriales pasadas y futuras. Esto ilustra cómo nuestra percepción del tiempo y la realidad se puede alterar a través de la imaginación, lo que pone de relieve el poder de la conciencia para remodelar las experiencias.

-

5. ¿De qué manera el capítulo desafía la idea de que nuestras experiencias están predeterminadas?

- **Respuesta:** El capítulo cuestiona la noción de predeterminación al sugerir que, si bien podemos experimentar la vida de manera secuencial, tenemos el poder de elegir futuros diferentes a través de nuestra imaginación y el control de nuestra atención. Esto implica una fluidez en nuestras experiencias que permite el cambio y la autonomía personal.

-

6. ¿Por qué es esencial "inmovilizar el cuerpo físico" e inducir un estado parecido al sueño durante el proceso de visualización?

- Respuesta: Inmovilizar el cuerpo y alcanzar un estado similar al sueño ayuda a calmar la mente y reducir las distracciones, lo que permite concentrarse más profundamente en el estado deseado. Este estado permite un compromiso más profundo con la imaginación, lo que facilita la experiencia de cómo sería lograr los propios deseos.

-

7. ¿Qué quiere decir el autor cuando afirma que "creer y ser son uno"?

- Respuesta: Esta afirmación pone de relieve que las creencias de cada uno moldean su identidad y sus experiencias. Para encarnar verdaderamente un estado o resultado deseado, uno debe creer plenamente que es ese estado; esta unidad de creencia y ser es esencial para que los deseos se conviertan en realidad.

-

8. ¿Cómo podemos aplicar los principios de este capítulo para mejorar nuestras vidas?

- Respuesta: Si definimos claramente nuestros objetivos y practicamos la visualización enfocada, podemos alinear nuestros pensamientos y sentimientos con nuestros deseos. Practicar con regularidad las técnicas de control de los sueños despiertos puede ayudarnos a reforzar nuestras suposiciones y creencias, transformándolas gradualmente en realidades tangibles.

-

9. ¿Qué sugiere el capítulo acerca de la naturaleza del deseo y su satisfacción?

- Respuesta: El capítulo sugiere que el deseo no debe verse como algo por lo que hay que esforzarse, sino como algo que ya se posee. Cuando cambiamos nuestra perspectiva y reconocemos que ya somos lo que deseamos ser, el anhelo disminuye y la satisfacción surge de manera natural.

-

10. ¿Cómo puede el autoanálisis durante la meditación mejorar nuestra comprensión del cambio personal?

- Respuesta: El autoanálisis durante la meditación permite comprender mejor nuestras creencias y percepciones. Al observar cómo nos vemos a nosotros mismos y cómo imaginamos que nos perciben los demás, podemos identificar áreas en las que nuestro autoconcepto necesita cambiar, facilitando así una transformación personal significativa.

CAPÍTULO TRES
PODER DE LA IMAGINACIÓN

"Conoceréis la verdad y la verdad os hará libres"
JUAN 8:32

Los hombres afirman que un juicio verdadero debe ajustarse a la realidad exterior a la que se refiere. Esto significa que si yo, estando preso, me sugiero a mí mismo que soy libre y consigo creer que lo soy, es cierto que creo en mi libertad; pero de ello no se sigue que sea libre, pues puedo ser víctima de una ilusión. Pero, debido a mis propias experiencias, he llegado a creer en tantas cosas extrañas que veo pocas razones para dudar de la verdad de cosas que están más allá de mi experiencia.

Los antiguos maestros nos advertían de que no juzgáramos por las apariencias porque, decían, la verdad no tiene por qué ajustarse a la realidad externa con la que se relaciona. Afirmaban que dábamos falso testimonio si imaginábamos el mal contra otro - que no importa lo real que parezca nuestra creencia - lo verdaderamente que se ajuste a la realidad externa con la que se relaciona - si no hace libre a aquel de quien tenemos la creencia, es falsa y, por lo tanto, un juicio falso.

Estamos llamados a negar la evidencia de nuestros sentidos e imaginar como verdad de nuestro prójimo aquello que le hace libre. "Conoceréis la verdad, y la verdad os hará libres". Para conocer la verdad de nuestro prójimo debemos suponer que ya es aquello que desea ser. Cualquier concepto que tengamos de otro que esté por debajo de su deseo realizado no le hará libre y, por tanto, no puede ser la verdad.

En lugar de aprender mi oficio en escuelas donde la asistencia a cursos y seminarios se considera un sustituto del conocimiento adquirido por uno mismo, mi formación escolar se dedicó casi exclusivamente al poder de la imaginación. Me quedaba horas imaginando que era distinto de lo que dictaban mi razón y mis sentidos hasta que los estados imaginados eran vívidos como la realidad, tan vívidos que los transeúntes se convertían en parte de mi imaginación y actuaban como yo quería que lo hicieran. Por el poder de la imaginación mi fantasía guiaba la suya y les dictaba su comportamiento y el discurso que mantenían juntos mientras yo estaba identificado con mi estado imaginado. La imaginación del hombre es el hombre mismo, y el mundo tal como lo ve la imaginación es el mundo real, pero es nuestro deber imaginar todo lo que es amable y de buen testimonio [Filipenses 4:8]. "Porque el Señor no ve como ve el hombre; porque el hombre mira lo que está fuera, pero el Señor mira el corazón" [1 Samuel 16:7]. "Como un hombre piensa en su corazón, así es él" [Proverbios 23:7].

En la meditación, cuando el cerebro se vuelve luminoso, encuentro mi imaginación dotada del poder magnético de atraer hacia mí todo lo que deseo. El deseo es el poder que la imaginación utiliza para modelar la vida a mi alrededor, tal como yo la modelo en mi interior.

Primero deseo ver a cierta persona o escena, y luego miro como si estuviera viendo lo que quiero ver, y el estado imaginado se vuelve objetivamente real. Deseo oír, y entonces escucho como si estuviera oyendo, y la voz imaginada dice lo que yo dicto como si hubiera iniciado el mensaje. Podría daros muchos ejemplos para probar mis argumentos, para probar que estos estados imaginarios se convierten en realidades físicas; pero sé que mis ejemplos despertarán en todos aquellos que no se hayan encontrado con semejantes o que no se inclinen por mis argumentos, una incredulidad de lo más natural.

Sin embargo, la experiencia me ha convencido de la verdad de la afirmación,

"Él llama las cosas que no son como si fueran."
ROMANOS 4:17

Pues yo, en intensa meditación, he llamado a las cosas que no se veían como si se vieran, y lo que no se veía no sólo se veía, sino que finalmente se convertía en realidades físicas.

Por este método - primero deseando y luego imaginando que estamos experimentando aquello que deseamos experimentar - podemos moldear el futuro en armonía con nuestro deseo. Pero sigamos el consejo del profeta y pensemos sólo en lo bello y en lo bueno, porque la imaginación nos espera con la misma indiferencia y rapidez cuando nuestra naturaleza es mala que cuando es buena. De nosotros brotan el bien y el mal.

"He puesto hoy delante de ti la vida y el bien, y la muerte y el mal".

DEUTERONOMIO 30:15

El deseo y la imaginación son la varita mágica de la fábula y atraen hacia sí sus propias afinidades. Surgen mejor cuando la mente está en un estado parecido al sueño. He escrito con cierto cuidado y detalle el método que empleo para entrar en el mundo dimensionalmente más grande, pero daré una fórmula más para abrir la puerta del mundo más grande.

"En un sueño, en una visión nocturna, cuando el sueño profundo cae sobre los hombres, cuando duermen en la cama; entonces él abre los oídos de los hombres, y sella su instrucción".

JOB 33:15,16

En el sueño solemos ser el siervo de nuestra visión más que su amo, pero la fantasía interna del sueño puede convertirse en una realidad externa. En el sueño, como en la mediación, nos deslizamos de este mundo a un mundo dimensionalmente más grande, y sé que las formas en el sueño no son imágenes bidimensionales planas que los psicólogos modernos creen que son.

Son realidades sustanciales de un mundo dimensionalmente mayor, y puedo apoderarme de ellas. He descubierto que, si me sorprendo a mí mismo soñando, puedo agarrar cualquier forma inanimada o inmóvil del sueño - una silla - una mesa - una escalera - un árbol - y ordeno despertar, mientras sostengo firmemente el objeto del sueño, soy arrastrado a través de mí mismo con la clara sensación de despertar del sueño. Despierto en otra esfera sosteniendo el objeto de mi sueño, para descubrir que ya no soy el sirviente de mi visión, sino su amo, pues soy plenamente consciente y controlo los movimientos de mi atención. En este estado de plena conciencia, cuando controlamos la dirección del pensamiento, llamamos a las cosas que no se ven como si se vieran. En este estado llamamos a las cosas deseándolas y asumiendo el sentimiento de nuestro deseo cumplido.

A diferencia del mundo de tres dimensiones donde hay un intervalo entre nuestra suposición y su cumplimiento, en el mundo dimensionalmente más grande hay una realización inmediata de nuestra suposición. La realidad externa refleja instantáneamente nuestra suposición. Aquí no hay necesidad de esperar cuatro meses hasta la cosecha [ver Juan 4:35]. Volvemos a mirar como si hubiéramos visto, y he aquí que los campos ya están blancos para la siega.

En este mundo dimensionalmente más grande "No tendréis necesidad de luchar, fijaos, quedaos quietos y ved la salvación del Señor con vosotros", 2 Crónicas 20:17. Y como ese mundo mayor está pasando lentamente por nuestro mundo tridimensional, podemos, por el poder de la imaginación, moldear nuestro mundo en armonía con nuestro deseo. Mira como si vieras; escucha como si oyeras; extiende tu mano imaginaria como si tocaras.... Y tus suposiciones se convertirán en hechos.

Para los que creen que un juicio verdadero debe ajustarse a la realidad exterior a la que se refiere, esto será necedad y piedra de tropiezo [1Corintios 1:23]. Pero yo predico y practico la fijación en la conciencia de aquello que el hombre desea realizar. La experiencia me convence de que las actitudes fijas de la mente que no se ajustan a la realidad externa con la que se relacionan y que, por lo tanto, se llaman imaginarias - "cosas que no son"-, sin embargo, "echarán por tierra las cosas que son" [1Corintios 1:28].

No deseo escribir un libro de maravillas, sino más bien volver la mente del hombre a la única realidad que los antiguos maestros adoraban como Dios. Todo lo que se dijo de Dios se dijo en realidad de la conciencia del hombre, por lo que podemos decir: "que, según está escrito: El que se gloría, gloríese en su propia conciencia" [1Corintios 1:31; 2Corintios 10:17,18; "Pero el que se gloría, gloríese en esto: en que me entiende y me conoce: que yo soy Jehová, que hago misericordia, juicio y justicia en la tierra", Jeremías 9:24].

Ningún hombre necesita ayuda para dirigirlo en la aplicación de esta ley de la conciencia. "Yo soy" es la autodefinición de lo absoluto. La raíz de la que todo crece. "Yo soy la vid" [Juan 15:1; 15:5].

¿Cuál es tu respuesta a la eterna pregunta "quién soy yo"?

Tu respuesta determina el papel que desempeñas en el drama del mundo. Tu respuesta -es decir, tu concepto de ti mismo- no tiene por qué ajustarse a la realidad exterior con la que se relaciona. Esta gran verdad se revela en las afirmaciones,

"Que diga el débil: Yo soy fuerte".

JOEL 3:10

Repasemos los buenos propósitos con los que se cargaron muchos años nuevos pasados. Vivieron un poco y luego murieron. ¿Por qué? Porque fueron cortados de raíz. Asume que eres lo que quieres ser. Experimenta en la imaginación lo que experimentarías en la carne si ya fueras lo que quieres ser. Permanece fiel a tu suposición, de modo que te definas como aquello que has supuesto.

Las cosas no tienen vida si están separadas de sus raíces, y nuestra conciencia, nuestro "YO SOY" es la raíz de todo lo que brota en nuestro mundo.

"Si no creéis que yo soy, moriréis en vuestros pecados" - Juan 8:24 -, es decir, si no creo que ya soy aquello que deseo ser, entonces permanezco como soy y muero en mi actual concepto de mí mismo. No hay poder, fuera de la conciencia del hombre, para resucitar y hacer vivo aquello que el hombre desea experimentar. Aquel hombre que está acostumbrado a invocar a voluntad las imágenes que le plazcan, será, en virtud del poder de su imaginación, dueño de su destino.

"Yo soy la resurrección y la vida; el que cree en mí, aunque esté muerto, vivirá".

JUAN 11:25

"Conoceréis la verdad, y la verdad os hará libres".

PREGUNTAS Y RESPUESTAS DE REFLEXIÓN

1. ¿Qué significa la frase "Conoceréis la verdad, y la verdad os hará libres" en el contexto de la imaginación y la realidad?

- **Respuesta:** Esta frase sugiere que comprender y aceptar la verdad de los propios deseos y potencialidades (a menudo a través de la imaginación) puede liberar a una persona de sus limitaciones actuales. Al imaginarse en un estado o circunstancia deseados, uno puede trascender la realidad percibida y avanzar hacia la realización de esos deseos.

-

2. ¿Cómo diferencia el autor entre el juicio verdadero y las apariencias?

- **Respuesta:** El autor sostiene que el juicio verdadero no debe conformarse simplemente a la realidad externa, sino que debe estar en consonancia con la verdad interior de los propios deseos y potencialidades. Los juicios basados únicamente en las apariencias pueden ser engañosos, ya que pueden no tener en cuenta las verdades más profundas sobre una persona o situación, en particular cuando estas verdades se relacionan con la libertad y la realización personal.

-

3. ¿Por qué se considera la imaginación una herramienta poderosa para dar forma a la realidad según el capítulo?

- **Respuesta:** La imaginación se presenta como una herramienta poderosa porque permite a las personas visualizar sus deseos y hacerlos realidad. Al imaginar vívidamente una experiencia o un estado deseado, uno puede atraer esa realidad a su vida. Este proceso implica no solo visualizar sino también encarnar los sentimientos asociados con el resultado deseado.

-

4. ¿Qué papel juega el deseo en el proceso de la imaginación?

- **Respuesta:** El deseo actúa como catalizador de la imaginación, alimenta el proceso creativo y ayuda a moldear la realidad según los propios deseos. El autor sugiere que para manifestar deseos, primero hay que desear algo profundamente y luego poner en juego la imaginación para visualizarlo como algo ya real, atrayéndolo así a la vida.

-

5. ¿Qué quiere decir el autor con "actitudes mentales fijas" y cómo se relacionan con el concepto de realidad?

- Respuesta: Las actitudes mentales fijas se refieren a las creencias y suposiciones que tenemos sobre nosotros mismos y nuestras circunstancias. Según el autor, estas actitudes moldean nuestra percepción de la realidad y nuestra capacidad para manifestar los cambios deseados. Si uno puede cambiar sus actitudes fijas a través de la imaginación y el deseo, puede remodelar su realidad.

-

6. ¿Cómo puede la práctica de la imaginación afectar las relaciones con los demás?

- Respuesta: El capítulo destaca que, al imaginar que los demás ya encarnan sus deseos, podemos influir positivamente en sus relaciones. Si tenemos una visión de los demás como personas exitosas o realizadas, podemos contribuir a que esa realidad se haga realidad, lo que nos permitirá conectarnos con ellos a un nivel más profundo y fomentar un entorno propicio para el crecimiento mutuo.

-

7. ¿Cuál es el significado de la afirmación: "Asume que eres aquello que quieres ser"?

- Respuesta: Esta afirmación destaca el poder de la autoidentificación y la asunción de sí mismo para moldear la propia realidad. Al encarnar el sentimiento de ser ya lo que uno desea, las personas pueden alinear sus acciones, pensamientos y experiencias con esa identidad, atrayendo de manera eficaz esas circunstancias a sus vidas.

-

8. ¿Cómo se relaciona el concepto de "YO SOY" con el empoderamiento y la creación personal?

- Respuesta: El concepto de "YO SOY" significa el núcleo del ser y la conciencia de uno. Reconocer y afirmar la propia identidad y los propios deseos es esencial para el empoderamiento personal. Sugiere que al comprender y encarnar esta identidad central, los individuos tienen el poder de crear su propia realidad y lograr sus deseos.

CAPÍTULO CUATRO

NADIE A QUIEN CAMBIAR SINO A UNO MISMO

"Y por ellos me santifico a mí mismo, para que también ellos sean santificados por la verdad".

JUAN 17:19

El ideal al que servimos y por el que nos esforzamos nunca podría evolucionar a partir de nosotros si no estuviera potencialmente implicado en nuestra naturaleza.

Es ahora mi propósito volver a contar y enfatizar una experiencia mía impresa por mí hace dos años. Creo que estas citas de "LA BÚSQUEDA" nos ayudarán a comprender el funcionamiento de la ley de la conciencia, y nos mostrarán que no tenemos que cambiar a nadie más que a nosotros mismos.

"Una vez, en un intervalo ocioso en el mar, medité sobre "el estado perfecto", y me pregunté qué sería yo, si tuviera ojos demasiado puros para contemplar la injusticia, si para mí todas las cosas fueran puras y yo estuviera libre de condenación. Mientras me perdía en esta ardiente cavilación, me encontré elevado por encima del oscuro ambiente de los sentidos. Tan intenso era el sentimiento que me sentía un ser de fuego morando en un cuerpo de aire. Voces como de un coro celestial, con la exaltación de los que habían sido vencedores en un conflicto con la muerte, cantaban: "Ha resucitado, ha resucitado", e intuitivamente supe que se referían a mí.

Entonces me pareció estar caminando en la noche. Pronto llegué a una escena que podría haber sido el antiguo estanque de Betesda, pues en aquel lugar yacía una gran multitud de impotentes -ciegos, paralizados, marchitos- esperando no el movimiento del agua, como es tradición, sino esperándome a mí. A medida que me acercaba, sin pensamiento ni esfuerzo por mi parte eran, uno tras otro, moldeados como por el Mago de la Belleza. Ojos, manos, pies -todos los miembros que faltaban- fueron extraídos de algún depósito invisible y moldeados en armonía con aquella perfección que yo sentía brotar dentro de mí. Cuando todos fueron perfeccionados, el coro exultó: "Está terminado". Entonces la escena se disolvió y desperté.

Sé que la visión fue el resultado de mi intensa meditación sobre la idea de la perfección, pues mis meditaciones invariablemente producen la unión con el estado contemplado. Había estado tan completamente absorto en la idea que durante un tiempo me había convertido en lo que contemplaba, y el elevado propósito con el que me había identificado en aquel momento atrajo la compañía de las cosas elevadas y modeló la visión en armonía con mi naturaleza interior. El ideal con el que estamos unidos actúa por asociación de ideales para despertar mil estados de ánimo y crear un drama acorde con la idea central.

Mis experiencias místicas me han convencido de que no hay forma de alcanzar la perfección exterior que buscamos si no es mediante la transformación de nosotros mismos.

En la economía divina nada se pierde. No podemos perder nada salvo por el descenso de la esfera donde la cosa tiene su vida natural. No hay poder transformador en la muerte y, estemos aquí o allá, modelamos el mundo que nos rodea por la intensidad de nuestra imaginación y sentimiento, e iluminamos u oscurecemos nuestras vidas por los conceptos que tenemos de nosotros mismos. Nada es más importante para nosotros que el concepto que tenemos de nosotros mismos, y esto es especialmente cierto en el caso de nuestro concepto del Uno dimensionalmente grande que llevamos dentro.

Aquellos que nos ayudan u obstaculizan, lo sepan o no, son los servidores de esa ley que moldea las circunstancias externas en armonía con nuestra naturaleza interior. Es la concepción que tenemos de nosotros mismos la que nos libera o nos constriñe, aunque pueda utilizar agencias materiales para lograr su propósito.

Puesto que la vida moldea el mundo exterior para reflejar la disposición interior de nuestras mentes, no hay forma de conseguir la perfección exterior que buscamos si no es mediante la transformación de nosotros mismos. No hay ayuda que venga de fuera; las colinas a las que elevamos nuestros ojos son las de una cordillera interior. Es, pues, a nuestra propia conciencia a la que debemos dirigirnos como a la única realidad, al único fundamento sobre el que pueden explicarse todos los fenómenos. Podemos confiar absolutamente en la justicia de esta ley para darnos sólo lo que es de la naturaleza de nosotros mismos.

Intentar cambiar el mundo antes de cambiar nuestro concepto de nosotros mismos es luchar contra la naturaleza de las cosas. No puede haber cambio exterior hasta que no haya primero un cambio interior. Como es dentro, es fuera. No estoy abogando por la indiferencia filosófica cuando sugiero que nos imaginemos que ya somos lo que queremos ser, viviendo en una atmósfera mental de grandeza, en lugar de utilizar medios físicos y argumentos para provocar el cambio deseado. Todo lo que hacemos, si no va acompañado de un cambio de conciencia, no es más que un fútil reajuste de superficies. Por mucho que nos esforcemos o luchemos, no podemos recibir más de lo que afirman nuestras suposiciones. Protestar contra cualquier cosa que nos suceda es protestar contra la ley de nuestro ser y contra el gobierno de nuestro propio destino.

Las circunstancias de mi vida están demasiado estrechamente relacionadas con mi concepción de mí mismo como para no haber sido formadas por mi propio espíritu a partir de algún almacén dimensionalmente mayor de mi ser. Si hay dolor para mí en estos acontecimientos, debo buscar dentro de mí la causa, porque soy movido aquí y allá y hecho para vivir en un mundo en armonía con el concepto que tengo de mí mismo.

La meditación intensa produce una unión con el estado contemplado, y durante esta unión vemos visiones, tenemos experiencias y nos comportamos de acuerdo con nuestro cambio de conciencia. Esto nos demuestra que una transformación de la conciencia dará lugar a un cambio del entorno y del comportamiento.

Todas las guerras demuestran que las emociones violentas son extremadamente potentes para precipitar reordenamientos mentales. A cada gran conflicto le ha seguido una era de materialismo y codicia en la que los ideales por los que aparentemente se libró el conflicto quedan sumergidos.

Esto es inevitable porque la guerra evoca el odio que impulsa un descenso de la conciencia desde el plano del ideal al nivel en el que se libra el conflicto. Si pudiéramos emocionarnos tanto por nuestros ideales como por nuestras aversiones, ascenderíamos al plano de nuestro ideal con la misma facilidad con la que ahora descendemos al nivel de nuestros odios.

El amor y el odio tienen un mágico poder transformador, y crecemos a través de su ejercicio en la semejanza de lo que contemplamos. Mediante la intensidad del odio creamos en nosotros el carácter que imaginamos en nuestros enemigos. Las cualidades mueren por falta de atención, de modo que lo mejor sería borrar los estados desagradables imaginando "belleza por cenizas y alegría por luto" [Isaías 61:3] en lugar de atacar directamente el estado del que queremos liberarnos.

"Pensad en todo lo que es hermoso y de buen nombre" [Filipenses 4:8], porque nos convertimos en aquello con lo que estamos en relación.

No hay nada que cambiar, salvo el concepto que tenemos de nosotros mismos. En cuanto consigamos transformarnos a nosotros mismos, nuestro mundo se disolverá y se remodelará en armonía con aquello que afirma nuestro cambio.

PREGUNTAS Y RESPUESTAS DE REFLEXIÓN

1. ¿Cuál es el significado de la cita: "Y por ellos yo me santifico a mí mismo, para que también ellos sean santificados en la verdad"?

- **Respuesta:** Esta cita sugiere que la transformación personal y la santificación están interconectadas. Al elevarse uno mismo a través de la verdad y la autoconciencia, uno también puede contribuir a la elevación y mejora de los demás. Destaca la importancia del trabajo personal como base para un cambio más amplio en el propio entorno.

-

2. ¿Cómo describe el autor la relación entre la transformación interior y la realidad exterior?

- **Respuesta:** El autor afirma que nuestra realidad exterior es un reflejo de nuestro estado interior. Para lograr un cambio externo, primero hay que experimentar una transformación interior. Las circunstancias a las que nos enfrentamos son una manifestación de nuestro autoconcepto y creencias, enfatizando que el verdadero cambio comienza en el interior.

-

3. ¿Qué papel juega la meditación en el proceso de autotransformación según el capítulo?

- **Respuesta:** La meditación se presenta como una herramienta vital para alcanzar la unión con el estado deseado del ser. A través de la meditación profunda, las personas pueden trascender sus circunstancias actuales y alinear su conciencia con sus ideales. Esta alineación fomenta visiones y experiencias que reflejan la transformación, lo que conduce a cambios en el comportamiento y el entorno.

-

4. ¿Por qué sugiere el autor que centrarse en el amor en lugar del odio puede conducir al crecimiento personal?

- **Respuesta:** El autor sostiene que tanto el amor como el odio tienen poderosos efectos transformadores en las personas. Al canalizar la energía emocional hacia el amor y la positividad, uno puede ascender a estados superiores de conciencia y encarnar los ideales que desea alcanzar. Por el contrario, las emociones negativas como el odio conducen a un descenso de la conciencia y refuerzan estados indeseables.

-

5. ¿Cómo se relaciona el concepto de "Como es dentro, es fuera" con el mensaje general del capítulo?

- Respuesta: Esta frase resume la idea central de que nuestras circunstancias externas son reflejos directos de nuestros pensamientos y creencias internos. Para cambiar el mundo exterior, primero debemos abordar y transformar nuestro yo interior. Hace hincapié en la importancia de la autoconciencia y el reconocimiento de que tenemos el poder de dar forma a nuestra realidad a través de nuestra conciencia.

-

6. ¿Qué quiere decir el autor cuando dice que "las colinas hacia las que alzamos la mirada son las de una cordillera interior"?

- Respuesta: Esta metáfora sugiere que las aspiraciones y metas que buscamos no son logros externos, sino que están arraigadas en nuestra conciencia y autopercepción. Para alcanzar estas aspiraciones, primero debemos cultivar las cualidades y creencias internas que se alinean con nuestras metas.

-

7. ¿Cómo se puede aplicar la lección de la autorresponsabilidad al afrontar experiencias o circunstancias negativas?

- **Respuesta:** El capítulo anima a las personas a reflexionar sobre sus creencias internas y su concepto de sí mismas cuando se enfrentan a experiencias negativas. Al reconocer que estas circunstancias están condicionadas por su conciencia, pueden hacerse responsables de sus reacciones y trabajar para transformar su estado interior, lo que conducirá a un cambio en su realidad exterior.

-

8. ¿Qué quiere decir el autor cuando dice "Nos convertimos en aquello con lo que estamos en relación"?

- **Respuesta:** Esta afirmación implica que nuestros pensamientos, sentimientos y creencias influyen directamente en quiénes nos convertimos. Al centrarnos en cualidades positivas y edificantes, nos alineamos con esos atributos, lo que nos permite encarnarlos en nuestra vida. Subraya la idea de que nuestras asociaciones, ya sean con ideales o estados negativos, dan forma a nuestra identidad y experiencias.

TEMAS CLAVE

EL PODER DE LAS SUPOSICIONES

Uno de los temas más destacados de las enseñanzas de Neville Goddard es el concepto de que las suposiciones tienen el poder de moldear la realidad. Goddard afirma que las suposiciones que tienen los individuos -ya sea sobre sí mismos o sobre el mundo que les rodea- afectan directamente a sus experiencias vitales. Propone que estas suposiciones no son meros pensamientos, sino creencias y sentimientos profundamente arraigados que influyen en los resultados de los acontecimientos futuros. Según Goddard, al asumir el sentimiento de un deseo ya cumplido, las personas pueden cambiar eficazmente la trayectoria de sus vidas, manifestando sus deseos en una realidad tangible.

Este principio sugiere que las creencias y emociones relacionadas con el futuro desempeñan un papel mucho más importante en la configuración de la realidad personal que las circunstancias o acciones externas. La perspectiva de Goddard desafía la concepción convencional de causa y efecto, que suele asumir que los factores externos determinan los resultados. En su lugar, Goddard hace hincapié en la primacía de los estados internos -sentimientos, suposiciones y creencias- como verdaderos creadores de la propia realidad. Enseña que las personas, al controlar conscientemente sus suposiciones y aceptar el estado emocional de sus deseos como algo ya realizado, pueden iniciar una transformación de su mundo externo.

Este cambio de enfoque -de lo externo a lo interno- redefine la forma en que las personas perciben el control sobre sus vidas, sugiriendo que el mundo exterior no es más que un reflejo de las suposiciones internas. Al abrazar el poder de la suposición, las personas asumen un papel más activo en la creación de su futuro, al darse cuenta de que su sistema de creencias interno es la clave para alterar sus realidades personales y externas.

-

LA IMAGINACIÓN COMO PLANO DE LA REALIDAD

Neville Goddard insiste mucho en el papel vital que desempeña la imaginación en el proceso de creación de la realidad. Sostiene que la imaginación es mucho más que una actividad pasiva u ociosa; más bien, es una poderosa fuerza creativa que moldea y dirige el curso de la vida de una persona. Según Goddard, la capacidad de la mente humana para visualizar vívidamente y comprometerse emocionalmente con los resultados deseados tiene la capacidad de remodelar el mundo exterior, lo que convierte a la imaginación en una herramienta fundamental para manifestar los propios deseos.

En las enseñanzas de Goddard, la imaginación no es algo que funcione al azar o sin propósito. Introduce el concepto de "imaginación controlada", que requiere un uso deliberado y centrado de las imágenes mentales para crear la realidad deseada. Este enfoque requiere disciplina mental, ya que los individuos deben aprender a dirigir conscientemente su imaginación hacia resultados específicos, asegurándose de que sus imágenes mentales se alinean con sus objetivos. De este modo, crean un proyecto de experiencias futuras que luego se desarrollarán en el mundo físico.

Además, Goddard sugiere que la imaginación trasciende las limitaciones ordinarias de tiempo y espacio, permitiendo a los individuos experimentar acontecimientos en lo que él describe como un "mundo dimensionalmente más grande" antes de que esos acontecimientos se manifiesten en el reino físico. Este concepto implica que, a través de la imaginación, los individuos no están sujetos a la progresión lineal del tiempo ni a las limitaciones del mundo material. En lugar de ello, pueden acceder mentalmente a su futuro deseado y experimentarlo como si estuviera sucediendo en el presente.

La perspectiva de Goddard transforma la imaginación de un simple ejercicio mental en una fuerza dinámica e influyente que tiene el poder de crear resultados en el mundo real. Al dominar la imaginación controlada, las personas pueden moldear eficazmente su realidad externa para alinearla con sus visiones internas. Este tema pone de relieve el profundo potencial creativo de cada persona y subraya la necesidad de un uso intencionado y centrado de las facultades imaginativas de la mente.

-

LA CONCIENCIA Y SU PAPEL EN LA CONFIGURACIÓN DE LA REALIDAD

El enfoque de Goddard hace hincapié en que, al cambiar el estado interno de cada uno -ya sean creencias, suposiciones o respuestas emocionales-, las circunstancias externas deben seguir el mismo camino. Este punto de vista sitúa a la conciencia como la fuerza impulsora de todos los acontecimientos y situaciones que experimenta una persona. En otras palabras, al cambiar las percepciones y suposiciones internas, los individuos son capaces de transformar su mundo externo para que coincida con estas nuevas realidades internas. Esta perspectiva subraya la idea de que los cambios externos no son el resultado de una mera acción o reacción, sino de cambios profundos en la mente y la conciencia de cada uno.

Lo que hace que este tema sea especialmente impactante es su énfasis en la responsabilidad personal y el empoderamiento. Al rechazar la noción de destino o control externo, Goddard enseña que las personas tienen el poder de forjar su destino a través de su estado mental. Esta idea resuena profundamente con las tradiciones espirituales que hacen hincapié en la autorrealización y el dominio personal, donde el individuo, al reconocer su propio poder inherente, se convierte en el arquitecto de su vida.

Además, este tema está en consonancia con el principio de que la vida no es algo que le ocurre al individuo, sino algo que ocurre a través de él. La conciencia se convierte en el medio a través del cual se moldea y experimenta la realidad. Al cultivar una conciencia consciente de sus creencias y pensamientos, las personas pueden empezar a tomar el control activo de sus vidas, asumiendo un papel de creador en lugar de víctima.

Las enseñanzas de Goddard sobre la conciencia ofrecen una visión transformadora de la realidad, que capacita a las personas para trascender las limitaciones al reconocer que el mundo que les rodea no es más que un espejo de su estado interno.

-

EL YO DE LA CUARTA DIMENSIÓN

Neville Goddard introduce el profundo concepto del "yo de cuarta dimensión", que redefine las percepciones tradicionales del tiempo y el espacio. En el marco de Goddard, el yo de cuarta dimensión existe más allá de las limitaciones del mundo físico tridimensional, donde el tiempo se considera lineal y el espacio fijo. En cambio, esta dimensión superior permite a los individuos percibir el tiempo y el espacio como fluidos y flexibles, donde los límites entre el presente, el pasado y el futuro se difuminan. Este yo, no restringido por los límites convencionales de la realidad física, tiene la capacidad de influir en el futuro visualizando mentalmente los resultados como si ya hubieran ocurrido.

Según Goddard, el yo de la cuarta dimensión está capacitado para moldear el futuro a través de la imaginación y la suposición. Al experimentar mentalmente los resultados deseados, como si ya fueran reales, este yo puede crear las condiciones necesarias para que esos resultados se manifiesten en el mundo tridimensional. En este sentido, el yo de la cuarta dimensión opera desde un espacio de certeza, en el que el futuro deseado no se percibe como una posibilidad, sino como una realidad existente que simplemente aún no se ha materializado en el reino físico.

Este tema es crucial porque desafía las ideas convencionales sobre el tiempo, el destino y la causalidad. En la visión tradicional, el futuro suele verse como algo que se desarrolla en función del pasado y el presente, en gran medida fuera del control personal. Sin embargo, Goddard sugiere que el futuro no está fijado ni predeterminado por las acciones pasadas, sino que es maleable y está moldeado por las suposiciones y creencias del presente. Mediante la participación activa del yo de la cuarta dimensión, las personas pueden reescribir su futuro cambiando sus estados mentales y emocionales actuales.

Este concepto no sólo amplía el sentido de agencia del individuo, sino que también introduce la idea de que el tiempo y el espacio forman parte de una realidad mayor y multidimensional. El yo de la cuarta dimensión permite a los individuos trascender las limitaciones de sus circunstancias inmediatas, otorgándoles el poder de acceder a acontecimientos futuros e influir en ellos mediante el uso deliberado de la imaginación. De este modo, las enseñanzas de Goddard animan a las personas a ver su momento presente como un poderoso punto de creación, donde las suposiciones y creencias son los verdaderos arquitectos del futuro.

La introducción de Goddard del yo de cuarta dimensión replantea la relación entre tiempo, espacio y poder personal. Ofrece una visión transformadora de la realidad, en la que los individuos no están sujetos a las limitaciones lineales del mundo físico, sino que tienen acceso a una dimensión en la que el futuro es flexible y puede moldearse con los pensamientos y sentimientos que cultivan en el presente.

\-

LA LEY DE LA SUPOSICIÓN VS. LA LEY DE LA ATRACCIÓN

Aunque a menudo se comparan con la ampliamente conocida Ley de la Atracción, las enseñanzas de Neville Goddard se centran de forma más precisa en lo que él denomina la Ley de la Suposición. Aunque ambos conceptos tratan sobre el poder de la mente y las emociones para moldear la realidad, la Ley de la Asunción de Goddard ofrece un enfoque más profundo y directo. Sostiene que no es simplemente el acto de pensar positivamente lo que cambia las circunstancias, sino el proceso de asumir y sentir que los deseos ya se han cumplido. Esta distinción fundamental pone de relieve un método más intencionado y proactivo para crear el cambio.

Por el contrario, la Ley de la Atracción se entiende generalmente como la idea de que los pensamientos positivos atraen resultados positivos, y los pensamientos negativos atraen resultados negativos. Aunque este principio anima a la gente a centrarse en la positividad, a menudo deja el proceso en un estado algo pasivo o esperanzado, esperando a que las circunstancias cambien basándose únicamente en la mentalidad. Sin embargo, la Ley de la Asunción de Goddard va más allá al hacer hincapié en la necesidad de que las personas encarnen la realidad que buscan. Para ello, no basta con pensar en el resultado deseado, sino que hay que sentir las emociones de vivir ya en ese resultado como si ya se hubiera hecho realidad.

Este cambio de esperar o desear pasivamente a un proceso activo e intencionado es una diferencia significativa. Goddard enseña que la clave para manifestar los deseos es entrar en un estado mental y emocional en el que se asume plenamente la identidad de alguien que ya tiene lo que desea. Al asumir este sentimiento y convicción, la Ley de la Asunción postula que la realidad externa se ajustará a esta creencia interior. En esencia, el estado emocional y mental actual determina el futuro.

El enfoque de Goddard es más práctico y concreto porque proporciona un método específico para la transformación. Ofrece una orientación clara sobre cómo utilizar la imaginación controlada, la visualización y la asunción del deseo cumplido para conseguir los resultados deseados. Su método implica el uso disciplinado de la mente, animando a las personas a practicar técnicas como imaginar una escena que implique el cumplimiento de su deseo, sentir las emociones asociadas a ese cumplimiento y vivir en ese estado mental como si ya fuera realidad.

La Ley de la Asunción, por tanto, representa un método más práctico y directo de manifestar los propios objetivos. Permite a las personas tomar el control inmediato de su realidad cambiando sus suposiciones internas, en lugar de esperar a que las fuerzas externas respondan a los pensamientos positivos. Al centrarse en encarnar el estado deseado, Goddard enseña que las personas pueden eludir la incertidumbre y la duda, asumiendo un papel más activo en la configuración de su futuro.

Mientras que la Ley de la Atracción fomenta el pensamiento positivo, la Ley de la Asunción de Neville Goddard ofrece un enfoque más completo y orientado a la acción. Llama a la participación activa de los individuos en su propia transformación, asumiendo el sentimiento de su deseo cumplido y viviendo desde ese estado emocional, creando así las condiciones necesarias para que sus deseos se manifiesten.

-

EL PAPEL DEL SENTIMIENTO EN LA MANIFESTACIÓN

Uno de los temas más consistentes e impactantes de las enseñanzas de Neville Goddard es el papel fundamental que desempeña el sentimiento en el proceso de manifestación. Goddard hace hincapié en que no basta con visualizar o imaginarse mentalmente el resultado deseado. Aunque la imaginación es una herramienta vital, el verdadero catalizador para convertir esos deseos imaginados en realidad es el sentimiento asociado a ellos. Goddard enseña que las personas deben ir más allá de los ejercicios intelectuales o visuales y sentir realmente como si el resultado deseado ya se hubiera alcanzado.

Este tema pone de relieve la profunda conexión entre las emociones y la creación de la realidad. Goddard sugiere que los sentimientos son el lenguaje de la mente subconsciente y sirven como medio para comunicar los deseos e imprimirlos en el subconsciente. Según su filosofía, es la intensidad emocional que subyace a una suposición o visualización lo que le da poder para manifestarse en el mundo físico. En otras palabras, los sentimientos no son meras reacciones a acontecimientos externos, sino fuerzas creativas que dan forma a las experiencias que viven las personas.

Al subrayar la importancia de los sentimientos, Goddard profundiza en la mecánica de la manifestación. Sostiene que cuando una persona asume el estado emocional que experimentaría si su deseo ya se hubiera cumplido, empieza a alinear su subconsciente con esa realidad. A continuación, el subconsciente trabaja para materializar esa suposición, atrayendo circunstancias, oportunidades y acontecimientos que se correspondan con el sentimiento interno. Este proceso sugiere que las emociones actúan como puente entre el pensamiento y la realidad, transformando los deseos internos en experiencias externas.

Las enseñanzas de Goddard también implican que muchas personas no consiguen manifestar sus deseos porque descuidan la importancia de los sentimientos. Aunque se dediquen a la visualización o al pensamiento positivo, si no cultivan las emociones correspondientes, sus esfuerzos siguen siendo superficiales. Para crear un verdadero cambio, hay que involucrar al cuerpo emocional, sumergiéndose en la experiencia de haber recibido ya lo que se desea. Este tema subraya la idea de que la realidad responde al estado interno del ser, en particular a las emociones, y no simplemente a los pensamientos o las palabras.

Además, Goddard presenta la idea de que el sentimiento del deseo cumplido es la fuerza motriz de toda creación. De forma consciente o inconsciente, las personas moldean constantemente su realidad basándose en las emociones que sienten habitualmente. Al tomar el control de estos sentimientos y elegir deliberadamente sentir como si sus deseos ya se hubieran realizado, las personas pueden aprovechar el poder del subconsciente para crear el futuro que desean.

El papel de los sentimientos en la manifestación, como enseña Neville Goddard, no es sólo un elemento de apoyo, sino la clave para liberar todo el potencial del poder creativo de la mente. Los sentimientos actúan como el lenguaje del subconsciente, con la capacidad de convertir suposiciones en hechos. Al generar conscientemente el estado emocional que se corresponde con el cumplimiento de sus deseos, las personas pueden transformar sus vidas y manifestar sus objetivos con mayor facilidad y certeza.

-

ESPIRITUAL VS. ENFOQUE NATURAL

En Fuera de este Mundo, Neville Goddard establece un agudo contraste entre lo que él denomina la mente "natural" y la mente "espiritual", dos modos distintos de percepción que rigen la experiencia humana. La mente natural, según Goddard, se rige por los sentidos y está profundamente arraigada en el mundo material. Percibe la realidad como algo fijo e inmutable, basándose en pruebas externas y en la información sensorial para determinar lo que es cierto o posible. Esta mente es reactiva, está sujeta a limitaciones físicas y constreñida por la creencia de que sólo es real lo que se puede ver, tocar o medir.

En cambio, Goddard introduce el concepto de mente "espiritual", que opera en un plano superior y no se rige por los datos sensoriales, sino por la imaginación y el deseo. La mente espiritual trasciende el mundo físico y ve más allá de lo inmediato y visible, en el reino de las posibilidades y el potencial. Es a través de este enfoque espiritual que los individuos pueden dar forma a su realidad, ya que les permite acceder a las dimensiones invisibles de la existencia donde sus deseos ya se cumplen en la imaginación.

El tema de cultivar un enfoque espiritual subraya la importancia de desprenderse de las limitaciones impuestas por la mente natural. Goddard enseña que, para transformar verdaderamente la propia vida, la persona debe dejar de regirse por lo que le dicen sus sentidos -lo que existe actualmente- y, en su lugar, aprender a confiar en las fuerzas invisibles de la imaginación y el deseo. La mente espiritual reconoce que la realidad no es fija, sino que está continuamente moldeada por lo que uno supone e imagina. Por lo tanto, al pasar de un enfoque natural a un enfoque espiritual, las personas pueden ir más allá de sus circunstancias y limitaciones actuales, abrazando las posibilidades más amplias de la existencia.

Las enseñanzas de Goddard instan a los individuos a ver el mundo no sólo como es, sino como podría ser, a través de la lente de la imaginación. Este cambio de enfoque proporciona un marco para trascender las limitaciones físicas del tiempo, el espacio y las circunstancias. Al confiar en la mente espiritual, las personas pueden imaginar un futuro que desafía las limitaciones del presente, lo que les permite crear una vida que esté en consonancia con sus deseos más profundos.

Esta perspectiva espiritual es esencial en la filosofía de Goddard porque cuestiona la confianza convencional en la evidencia sensorial como medida última de la verdad. Goddard anima a las personas a volverse hacia dentro y a confiar en su visión interior más que en la apariencia externa de las cosas. La mente espiritual está alineada con el concepto de imaginación controlada, que permite ensayar mentalmente los resultados deseados y hacerlos realidad sintiendo y creyendo en su verdad antes de que se manifiesten físicamente.

La distinción que hace Goddard entre el enfoque espiritual y el natural ofrece un camino hacia el empoderamiento y la transformación personal. Al alejarse de las limitaciones de la mente natural y abrazar el poder creativo de la mente espiritual, las personas pueden trascender sus realidades actuales y acceder al potencial ilimitado de su imaginación, dando forma así a una vida que refleje sus verdaderos deseos. Este tema fomenta una mentalidad que ve más allá del presente y de lo material, permitiendo la realización de mayores posibilidades mediante el uso consciente de la mente espiritual.

-

TÉCNICAS PRÁCTICAS PARA CAMBIAR LA REALIDAD

En Fuera de este Mundo, Neville Goddard proporciona no sólo conocimientos teóricos, sino también técnicas prácticas que los lectores pueden utilizar para transformar activamente su realidad. Estos métodos, que incluyen la inducción de un estado similar al sueño, la visualización y la concentración en una única escena mental, son componentes clave de su enfoque para manifestar deseos. Al ofrecer pasos claros y prácticos, Goddard asegura que sus enseñanzas no son meras ideas abstractas, sino que pueden aplicarse en la vida cotidiana para lograr un cambio real y tangible.

Una de las principales técnicas que Goddard describe es entrar en un "estado similar al sueño", un estado de meditación profundamente relajado que se produce justo antes de quedarse dormido. En este estado, la mente está más abierta a la sugestión y el subconsciente se vuelve más receptivo. Goddard enseña que es en este estado semiconsciente en el que las personas deben practicar la visualización, imaginando una escena específica que implique la realización de su deseo. Esta escena debe ser sencilla pero vívida, y no sólo debe incluir imágenes visuales, sino también un compromiso emocional. La clave es sumergirse por completo en la experiencia imaginada, sintiendo como si estuviera ocurriendo en el momento presente.

Otro método práctico que Goddard destaca es el poder de centrarse en una única escena mental que simbolice la consecución de un objetivo. Aconseja que esta escena sea la que sigue naturalmente a la realización del deseo. Por ejemplo, si el objetivo es la promoción profesional, la escena mental podría consistir en recibir la felicitación de un colega o un ascenso. La persona debe reproducir esta escena en su mente repetidamente, sintiendo las emociones de satisfacción, gratitud y logro como si el acontecimiento estuviera sucediendo en la realidad. Esta visualización focalizada refuerza la creencia subconsciente de que el resultado deseado ya es cierto, influyendo así en las circunstancias externas para que se alineen con esta suposición interna.

Estas técnicas son importantes porque hacen que la filosofía de Goddard sea práctica y accesible. Al ofrecer métodos específicos que pueden practicarse a diario, Goddard capacita a los lectores para tomar el control de sus vidas y participar activamente en la creación de su realidad. Su énfasis en la práctica disciplinada pone de relieve que la transformación personal requiere un esfuerzo constante y una intención centrada. No basta con desear pasivamente el cambio, sino que las personas deben realizar ejercicios mentales deliberados para dar forma a su mundo interior y, en consecuencia, a su experiencia exterior.

El tema de la práctica disciplinada es fundamental en las enseñanzas de Goddard, ya que refuerza la idea de que la concentración mental sostenida y la implicación emocional son necesarias para la manifestación. Cuanto más regularmente se practiquen estas técnicas, más arraigadas estarán en el subconsciente y, en última instancia, conducirán a la manifestación del resultado deseado. Este enfoque coincide con el tema general de la obra de Goddard, según el cual la realidad se crea desde el interior y las circunstancias externas no son más que reflejos del estado interno de cada uno.

Las técnicas prácticas de Goddard para cambiar la realidad -como inducir un estado similar al sueño, realizar una visualización vívida y centrarse en una única escena mental- proporcionan a los lectores métodos concretos para aplicar sus enseñanzas en la vida cotidiana. Estas técnicas no sólo permiten poner en práctica su filosofía, sino que también subrayan la importancia de la constancia y la disciplina para lograr la transformación personal. Mediante la práctica regular, las personas pueden remodelar su mundo interior y, a su vez, manifestar sus deseos en el mundo exterior.

-

RESPONSABILIDAD PERSONAL Y EMPODERAMIENTO

Uno de los temas más profundos y fortalecedores de la obra de Neville Goddard es el concepto de responsabilidad personal. Goddard enseña que cada individuo tiene el poder inherente de transformar sus circunstancias a través de sus pensamientos, creencias y sentimientos. Según su filosofía, el mundo exterior es un reflejo directo del estado interior de cada uno, lo que significa que las experiencias de la vida no están determinadas por fuerzas externas, sino por los pensamientos conscientes y subconscientes del individuo. Esto atribuye al individuo una inmensa responsabilidad sobre su realidad, pero también es un mensaje profundamente fortalecedor.

Al hacer hincapié en la responsabilidad personal, Goddard elimina la noción de control externo o victimismo. Sostiene que los individuos no son receptores pasivos del destino o las circunstancias, sino creadores activos de sus propias experiencias. Esta idea anima a la gente a dejar de culpar a factores externos -como la suerte, el destino o las acciones de otros- de su situación y a reconocer, en cambio, que tienen el poder de cambiar su realidad desde dentro. Las enseñanzas de Goddard desafían la mentalidad de impotencia o resignación, ofreciendo un marco en el que cada persona puede tomar las riendas de su vida mediante un enfoque mental y emocional deliberado.

Este tema de la responsabilidad personal es especialmente fortalecedor porque sitúa al individuo en el centro de su propia experiencia. En lugar de esperar a que el cambio venga de fuerzas externas, Goddard enseña que la verdadera transformación empieza en el interior. Los pensamientos que una persona tiene, las creencias que sostiene y los sentimientos que cultiva son las verdaderas fuerzas que impulsan los resultados de su vida. En este sentido, cada individuo tiene la capacidad de convertirse en el creador de su destino haciéndose cargo de su estado mental.

El enfoque de Goddard fomenta una forma de vida proactiva e intencionada. Enseña que si una persona desea cambiar sus circunstancias, primero debe cambiar sus pensamientos y sus suposiciones sobre sí misma y sobre el mundo. Dirigiendo conscientemente su mente hacia los resultados deseados, pueden hacerlos realidad. Este cambio de un enfoque reactivo a uno proactivo de la vida es un poderoso mensaje de autocapacitación, que permite a las personas darse cuenta de que su potencial para moldear su futuro reside en su propia conciencia.

Además, las enseñanzas de Goddard subrayan que esta responsabilidad conlleva una gran libertad. Si un individuo es el creador de sus experiencias, entonces también tiene la libertad de alterar esas experiencias en cualquier momento cambiando su estado interno. Esta idea de dominio personal se alinea con el tema espiritual más amplio de la autorrealización, en el que los individuos llegan a comprender su papel como creadores conscientes de su realidad.

El tema de la responsabilidad personal y el empoderamiento en la obra de Neville Goddard es a la vez liberador y transformador. Al enseñar que los individuos tienen el poder de cambiar sus vidas a través de sus pensamientos, creencias y sentimientos, Goddard ofrece un camino hacia el autodominio y la libertad personal. Sus enseñanzas fomentan un enfoque proactivo de la vida, donde cada persona es el arquitecto de su destino, plenamente capaz de dar forma a sus experiencias a través de la dirección consciente de su mente. Este mensaje de empoderamiento resuena profundamente entre quienes buscan liberarse de las limitaciones y tomar las riendas de su futuro.

-

UNIDAD DEL SER

En Fuera de este Mundo, Neville Goddard introduce el profundo tema de la unidad entre la conciencia del individuo y la realidad más amplia. Sugiere que no hay separación entre lo que una persona cree y siente internamente y lo que se manifiesta externamente en el mundo que la rodea. Según Goddard, el mundo exterior no es más que un espejo que refleja el estado interior del individuo, lo que significa que la realidad que experimenta una persona es el resultado directo de su conciencia interna.

Este tema de la unidad es impactante porque tiende un puente entre los principios espirituales y la aplicación práctica, proporcionando una visión holística de la existencia en la que todo está interconectado a través de la conciencia. Las enseñanzas de Goddard subrayan que los mundos interno y externo no son entidades separadas, sino dos caras de la misma moneda. Lo que uno sostiene en sus pensamientos, creencias y sentimientos conforma inevitablemente las condiciones y circunstancias de su vida, reflejando la unidad intrínseca del ser. Esta idea de unidad desafía la noción tradicional de que el mundo exterior funciona independientemente de la mente del individuo, introduciendo una comprensión más profunda e integrada de la realidad.

El concepto de unidad entre los reinos interior y exterior es fundamental en la filosofía de Goddard sobre la manifestación. Al alinear el mundo interior con la realidad exterior deseada, las personas pueden crear conscientemente la vida que desean. Esta unidad del ser implica que, cambiando sus pensamientos y emociones, las personas pueden influir en el mundo que les rodea. También sugiere que el entorno externo no es algo que les sucede, sino algo que sucede a través de ellos, moldeado por sus creencias y sentimientos internos.

El mensaje de unidad de Goddard va más allá del individuo y abarca una comprensión espiritual más amplia de la existencia. Se alinea con diversas enseñanzas espirituales que hacen hincapié en la interconexión de todas las cosas, destacando la idea de que el universo y el yo no están separados, sino intrínsecamente vinculados a través de la conciencia. Esta perspectiva ofrece una poderosa sensación de empoderamiento personal, ya que implica que los individuos no son observadores pasivos de la vida, sino participantes activos que tienen la capacidad de moldear su realidad mediante el uso consciente de su mente y sus emociones.

Esta visión holística de la existencia resuena profundamente entre los buscadores espirituales y quienes desean integrar los principios espirituales en su vida cotidiana. Al presentar la conciencia como el hilo conductor que une los mundos interior y exterior, Goddard proporciona un marco para comprender cómo el crecimiento espiritual y los resultados prácticos están profundamente interconectados. El tema de la unidad del ser anima a los individuos a responsabilizarse de sus pensamientos y sentimientos, sabiendo que estos estados internos moldearán inevitablemente sus experiencias externas.

El tema de la unidad del ser de Neville Goddard ofrece una comprensión poderosa y holística de la realidad, en la que la conciencia interior y el mundo exterior están íntimamente conectados. Lo que uno cree, siente y asume internamente se refleja en su realidad exterior, lo que sugiere que todos los aspectos de la existencia están interconectados a través de la conciencia. Este tema no sólo se alinea con las enseñanzas espirituales sobre la unidad, sino que también proporciona herramientas prácticas para la transformación personal, capacitando a las personas para moldear activamente sus vidas a través del dominio de su mundo interior.

CONCLUSIÓN

En Fuera de este Mundo, Neville Goddard presenta la idea de que la imaginación, las suposiciones y los sentimientos conforman nuestra realidad. Sostiene que controlando conscientemente estos estados internos, las personas pueden alterar su futuro y manifestar sus deseos. El mensaje central es que las circunstancias externas son un reflejo del mundo interior y que, cambiando los pensamientos y las emociones, uno puede remodelar su vida.

Principios Clave Del Libro:
1. Las suposiciones crean la realidad: Lo que asumes y sientes como cierto se convierte en tu realidad.

2. La imaginación como herramienta: A través de la imaginación enfocada, puedes vivir en el sentimiento del deseo cumplido, conduciendo a su manifestación.

3. Control consciente: Cambiar tu futuro empieza por cambiar conscientemente tus pensamientos y centrarte en lo que deseas.

PLAN DE ACCIÓN PARA LA APLICACIÓN DIARIA

1. Define tu deseo:
- Tómate el tiempo para aclarar lo que realmente quieres. Sé específico en cuanto a tu objetivo, ya sea que esté relacionado con tu carrera, tus relaciones, tu salud o tu crecimiento personal.
- Escribe tu deseo en una declaración clara y concisa. Asegúrate de formularlo de forma positiva, centrándote en lo que quieres y no en lo que no quieres.

2. Crea una escena mental:
- Imagina un acontecimiento que ocurriría después de que tu deseo ya se hubiera cumplido. Este acontecimiento debería confirmar que tu deseo se ha hecho realidad.
- Por ejemplo, si deseas un nuevo trabajo, imagínate siendo felicitado por un colega o celebrando con amigos.

3. Practica la visualización diariamente:
- Reserve un momento cada día, preferiblemente antes de acostarse, para entrar en un estado de relajación (Goddard lo llama un estado parecido al sueño).
- Con los ojos cerrados, visualice la escena que ha creado. Sienta como si realmente la estuviera experimentando. Involucre todos sus sentidos: vea, escuche y sienta lo más vívidamente posible.

4. Vive en el sentimiento de plenitud:
- Durante la visualización, siente las emociones que sentirías si tu deseo ya se hubiera hecho realidad. Emociones como gratitud, alegría y alivio deben acompañar la visualización.
- A lo largo del día, vuelve a esta sensación tan a menudo como puedas. Vive con la certeza de que tu deseo ya se ha cumplido.

5. Afirmaciones y conversaciones internas:
- Utiliza afirmaciones breves que refuercen tu estado deseado, como "soy exitoso", "soy amado" o "gracias por mi abundancia". Repítelas en silencio o en voz alta durante el día.
- Controle sus conversaciones internas. Si se da cuenta de que piensa negativamente o duda de su deseo, redirija suavemente sus pensamientos hacia la sensación de satisfacción.

6. Confíe en el proceso:
- Confía en que el universo (o tu mente subconsciente) está trabajando para hacer realidad tu deseo. Evita apegarte al "cómo" o al "cuándo" sucederá.
- Mantenga la paciencia y la persistencia, sabiendo que sus suposiciones, si persiste, se convertirán en hechos.

GLOSARIO DE CONCEPTOS CLAVE

1. Suposición:

- Creencia o sentimiento de que algo es verdad, incluso si aún no ha sucedido. Goddard enseña que lo que suponemos que es verdad se convertirá en nuestra realidad.

2. Mente subconsciente:

- La parte de la mente que almacena sentimientos, creencias e impresiones. No es selectiva y acepta todo lo que sientes y crees como verdadero. Da forma a tu mundo exterior en función de estas impresiones.

3. Sentimiento:

- La respuesta emocional que refuerza una suposición. Goddard enfatiza que la sensación de haber cumplido un deseo es crucial para que se haga realidad.

4. Imaginación controlada:

- El acto deliberado de usar la imaginación para visualizar el resultado que se desea. En lugar de dejar que la mente divague, nos centramos en imágenes y escenas específicas que se alinean con nuestros objetivos.

5. Un mundo dimensionalmente más grande:

- Concepto que hace referencia a un mundo más allá del físico, donde el tiempo y el espacio son fluidos. Es allí donde los deseos se hacen realidad antes de manifestarse en el mundo físico.

6. Deseo cumplido:
- El estado mental y emocional en el que actúas y sientes como si tu deseo ya se hubiera cumplido. Goddard enseña que vivir en la sensación del deseo cumplido es esencial para manifestar tus metas.

7. Estado similar al sueño:
- Un estado mental profundamente relajado, cercano al sueño pero aún consciente. Este es el estado en el que la visualización y la manifestación son más efectivas.

8. Ley de Asunción:
- La idea de que todo lo que creas que es verdad se manifestará en tu vida. Al asumir la sensación de que tu deseo se cumple, haces que esa realidad se haga realidad.

9. Escena mental:
- Visualización de un evento que ocurriría naturalmente después de que se cumpliera tu deseo. Se utiliza durante la imaginación controlada para enfocarte en el resultado final de tu objetivo.

10. Enfoque natural vs. enfoque espiritual:
- El enfoque natural se basa en lo que te dicen tus sentidos (el mundo físico), mientras que el enfoque espiritual ve más allá del momento presente, utilizando la imaginación y la creencia para dar forma a la realidad.

LECTURAS RECOMENDADAS

1. "El poder de tu mente subconsciente" de Joseph Murphy

Este libro clásico analiza cómo funciona la mente subconsciente y cómo aprovechar su poder para alcanzar el éxito, la salud y la felicidad. Se alinea con las enseñanzas de Goddard sobre cómo los sentimientos y las creencias dan forma a la realidad.

2. "Piense y hágase rico" de Napoleon Hill

El libro de Hill es uno de los textos fundamentales sobre el éxito y el pensamiento positivo. Explora la conexión entre la creencia, el deseo y el logro de los objetivos, en sintonía con el concepto de Goddard de suposición y deseo concentrado.

3. "Visualización creativa" de Shakti Gawain

Este libro es una guía práctica para utilizar la visualización para crear la vida que deseas. Los métodos paso a paso de Gawain para imaginar tus deseos se alinean estrechamente con las ideas de Goddard sobre la imaginación controlada.

4. "La ciencia de hacerse rico" de Wallace D. Wattles

El libro de Wattles presenta la idea de que los pensamientos tienen el poder de moldear la realidad material. Sus enseñanzas sobre la manifestación de la riqueza a través de una intención enfocada y un deseo claro reflejan el enfoque de Goddard sobre la creación de la realidad a través de la imaginación.

5. "Romper el hábito de ser uno mismo" por el Dr. Joe Dispenza

Dispenza combina la neurociencia y la física cuántica para explicar cómo se puede reprogramar el cerebro para romper con los hábitos negativos y manifestar una nueva realidad. Su enfoque en cómo los pensamientos afectan la química cerebral y la realidad complementa las enseñanzas de Goddard.

6. "La ley de la atracción" de Esther y Jerry Hicks

Este libro, basado en las enseñanzas de Abraham, explica en detalle la Ley de Atracción, que es muy similar a la Ley de Asunción de Goddard. Enseña a los lectores cómo atraer resultados positivos centrándose en lo que desean.

7. "Tú eres el placebo: cómo hacer que tu mente importe", del Dr. Joe Dispenza

En este libro, Dispenza explora el efecto placebo y cómo la creencia y el poder de la mente pueden crear cambios físicos y vitales reales . Su enfoque basado en la investigación respalda la afirmación de Goddard de que la creencia moldea la realidad.

8. "Los Cuatro Acuerdos" de Don Miguel Ruiz

Si bien no trata directamente sobre la manifestación, esta guía espiritual proporciona un marco para romper creencias limitantes y vivir auténticamente, lo que complementa los cambios de mentalidad propugnados por Goddard.

CRONOLOGÍA DE LA VIDA DE NEVILLE GODDARD

1905:

- Neville Lancelot Goddard nació el 19 de febrero en St. Michael, Barbados, en el seno de una familia británica. Es el cuarto hijo de una familia de nueve varones y una niña.

1922:

- A los 17 años, Neville se muda a la ciudad de Nueva York para estudiar teatro. Trabaja como actor y bailarín en el escenario y en películas mudas, actuando en Broadway, en películas mudas y haciendo giras por Europa con una compañía de danza.

1923:

- Neville se casa brevemente con Mildred Mary Hughes. Tienen un hijo, Joseph Goddard, nacido en 1924.

1929:

- Neville marca este año como el inicio de su viaje místico. Recuerda una experiencia espiritual: "Fui llevado en espíritu al Consejo Divino donde los dioses conversan".

1931:

- Después de años de estudiar lo oculto, Neville conoce a su maestro Abdullah, un hombre negro con turbante y de ascendencia judía. Trabajan juntos durante cinco años en la ciudad de Nueva York.

1938:
- Neville comienza su propia carrera como docente y conferenciante, compartiendo sus conocimientos místicos.

1939:
- Neville publica su primer libro, A Tus Órdenes.

1940-1941:
- Neville conoce a su segunda esposa, Catherine Willa Van Schumus .

1941:
- Neville publica su segundo libro, Tu Fe es tu Fortuna.

1942:
- Neville se casa con Catherine y tienen una hija, Victoria, más tarde ese mismo año. También publica Libertad Para Todos: una aplicación práctica de la Biblia.

1942-1943:
- De noviembre a marzo, Neville sirve en el ejército y luego regresa a Greenwich Village, Nueva York. En 1943, aparece un perfil suyo en The New Yorker.

1944:
- Neville publica Sentir es el Secreto.

1945:

- Neville publica Plegaria: El Arte De Creer.

1946:

- Neville conoce al filósofo Israel Regardie , quien lo perfila en El romance de la metafísica. También publica un panfleto, La Búsqueda.

1948:

- Neville imparte sus famosas conferencias "Cinco Lecciones" en Los Ángeles, que luego se publican póstumamente como libro.

1949:

- Neville publica Fuera de este Mundo: Pensar en cuarta dimensión.

1952:

- Neville publica El Poder de la Conciencia.

1954:

- Neville publica Imaginación Despierta.

1955:

- Neville comienza a presentar programas de radio y televisión en Los Ángeles.

1956:

- Neville publica Semilla y cosecha: Una visión mística de las Escrituras.

1959:

- Neville experimenta un profundo evento místico, describiéndolo como un renacimiento de su propio cráneo, seguido de otras experiencias místicas.

1960:

- Neville lanza un álbum de palabra hablada.

1961:

- Neville publica La Ley y La Promesa. El capítulo final, "La Promesa", detalla la experiencia mística de 1959 y las experiencias posteriores.

1964:

- Neville publica el panfleto Rompe la Cáscara: Una Lección En Las Escrituras.

1966:

- Neville publica su último libro completo, Resurrección, que describe su visión mística y el potencial de la humanidad para realizar su naturaleza divina.

1972:

- Neville muere el 1 de octubre a los 67 años en West Hollywood, al parecer de un ataque cardíaco. Está enterrado en la parcela familiar en St. Michael, Barbados.

ACERCA DE LOS AUTORES

Neville Goddard

Fue un pensador místico profundo e influyente del siglo XX. Sus enseñanzas se centraban en el concepto radical y empoderador de que la imaginación humana es la verdadera manifestación de Dios. Creía que todo en la vida de una persona, ya sea positivo o negativo, es resultado de sus pensamientos, sentimientos y estados imaginativos.

La infancia de Neville estuvo marcada por su crianza en Barbados, donde nació en 1905 en una familia anglicana. A los 17 años, se mudó a la ciudad de Nueva York en 1922 para dedicarse al teatro. Aunque alcanzó el éxito como actor y bailarín, actuando en Broadway y en películas mudas, su vida dio un giro radical a principios de la década de 1930. Dejó atrás su carrera de actor para sumergirse en el estudio de la metafísica.

Bajo la influencia de su mentor, Abdullah, una misteriosa figura de ascendencia africana y judía, Neville comenzó a explorar principios espirituales profundos que combinaban el cristianismo con el misticismo. Se embarcó en una carrera como escritor y conferenciante, utilizando su carisma e intelecto para dar charlas impactantes en iglesias metafísicas, centros espirituales y lugares públicos. Sus enseñanzas se centraban especialmente en el poder del pensamiento y la imaginación como la fuerza creativa suprema.

A pesar de no alcanzar una fama generalizada durante su vida, la influencia de Neville ha crecido significativamente desde su muerte en 1972. Sus obras, en particular sus libros como Sentir Es El Secreto, El Poder De La Conciencia y La Ley y La Promesa, ahora se consideran precursores de las ideas modernas sobre la mecánica cuántica y el poder de la conciencia para dar forma a la realidad.

Las ideas de Neville también han inspirado a pensadores y autores espirituales contemporáneos, entre ellos Carlos Castaneda y Joseph Murphy, quienes desarrollaron temas similares en sus propias obras. Hoy en día, sus enseñanzas son ampliamente consideradas como atemporales y siguen atrayendo a un público cada vez mayor que busca aprovechar el potencial creativo de la mente.

Imaginatio Divina Editorial

Creemos que el poder de la creación reside en cada uno de nosotros. Inspirados por las profundas enseñanzas de Neville Goddard, promovemos la transformación de la vida a través del poder de la imaginación y la conciencia. Nuestra editorial se dedica a publicar obras que revelan la capacidad innata de los individuos para dar forma a su realidad a través del pensamiento consciente y la fe interior. Cada libro, cada palabra, tiene como objetivo guiar a los lectores hacia el descubrimiento de su naturaleza divina y su poder creativo, en línea con la filosofía de que "la imaginación es Dios en acción".